Contraste insuffisant
NF Z 43-120-14

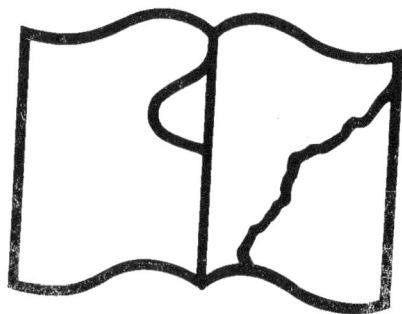

Texte détérioré — reliure défectueuse
NF Z 43-120-11

CHAQUE PIÈCE, 20 CENTIMES.
365ᵉ LIVRAISON.

THÉATRE CONTEMPORAIN ILLUSTRÉ

MICHEL LÉVY FRÈRES, ÉDITEURS,
RUE VIVIENNE, 2 BIS.

1

L'HONNÊTE CRIMINEL

OU

L'AMOUR FILIAL

DRAME EN CINQ ACTES, EN VERS

PAR

FENOUILLOT DE FALBAIRE

REPRÉSENTÉ POUR LA PREMIÈRE FOIS, A PARIS, SUR LE THÉATRE-FRANÇAIS, LE 4 JANVIER 1790.

DISTRIBUTION DE LA PIÈCE :

LE COMTE D'ANPLACE, commandant des galères.
CÉCILE, veuve de M. d'Orfeuil, riche négociant.
ANDRÉ, galérien.
M. D'OLBAN.
AMÉLIE, amie de Cécile.

LISIMON, vieillard.
LABRIE, laquais du comte.
PICARD, laquais de Cécile.
AUTRE LAQUAIS de Cécile.

La scène est à Toulon, sur le bord de la mer.

ACTE PREMIER

(La mer dans le fond, avec la partie d'une galère dont le reste est caché. On voit, à gauche, la maison où logent Cécile et Amélie, et, à droite, celle du commandant.

SCÈNE PREMIÈRE

ANDRÉ, seul, sur le rivage.

La mer paraît tranquille, et le ciel sans nuage
Promet aux matelots un jour exempt d'orage...
Pour moi, seul sur la terre, il n'est plus de beaux jours :
J'ai tout perdu; l'espoir m'est ravi pour toujours.
Dieu, qui vois mes tourments, tu sais si j'en murmure,
Si cette chaîne pèse à mon cœur innocent !
J'aime à sentir son poids. La vertu, la nature
Répandent sur mes maux un charme consolant.

Non, ce n'est pas sur moi, c'est sur vous que je pleure,
O père infortuné ! vous dont, jusqu'à cette heure,
J'ignore le destin... Sans doute il est affreux !
Pauvre, errant, fugitif, mon père malheureux
Traîne en quelque désert sa languissante vie...
Ou bien, dans l'amertume, il l'a déjà finie.
Oui, depuis que je suis enchaîné sur ce bord,
S'il n'eût pas succombé sous ses peines cruelles,
Sans doute j'aurais eu de lui quelques nouvelles ;
Mais mon père n'est plus, mon pauvre père est mort !
Que fait donc à présent ma déplorable mère ?
Assise sur sa tombe, exposée au mépris,
Sans appui, sans secours, au sein de la misère,
Peut-être en ce moment elle appelle son fils.
Elle l'appelle en vain !... O regrets ! ô tendresse !
Quelle main prendra soin de sa triste vieillesse ?
Si j'étais sûr au moins de lui faire tenir
Le peu d'argent qu'ici, depuis mon esclavage,

J'ai par un long travail gagné sur ce rivage...
A qui m'adresserai-je, et comment parvenir?...
En la compassion les malheureux espèrent;
Mais, au bruit de nos fers, la pitié semble fuir;
A notre approche, hélas! tous les cœurs se resserrent,
Et se font un devoir de ne pas s'attendrir.
Essayons cependant si quelques mains fidèles
Daigneront...

SCÈNE II

LE COMTE, LABRIE, ANDRÉ.

LE COMTE, à son laquais.
Aussitôt qu'il fera jour chez elles,
Viens m'avertir.
(A André.)
Et toi, retourne sur ton bord.
Tu ne peux aujourd'hui travailler sur le port :
De la marine ici j'attends les commissaires.
ANDRÉ, à Labrie, à part.
J'aurais un mot à dire...
LABRIE, à André, à part.
Il a beaucoup d'affaires.
LE COMTE.
Quoi! madame d'Orfeuil! j'en reste confondu.
Elle avec Amélie?... As-tu bien entendu,
Labrie, et se peut-il?...
LABRIE, au comte.
Oui, c'est bien elle-même,
Arrivant de Paris.
LE COMTE.
Bonheur inattendu!
Jour fortuné! je vais revoir tout ce que j'aime.
ANDRÉ, à part.
S'ils respirent encor, ce peu d'argent, hélas!
Pourra les soulager dans leur misère extrême.
Approchons.
LABRIE, à André.
Tu vois bien qu'il se parle tout bas.
Attends.
LE COMTE, à part.
Oncle inhumain! c'est son orgueil barbare
Qui seul, tant qu'il vivra, nous retient, nous sépare.
LABRIE, à André.
Dans un autre moment, il t'aurait écouté.
LE COMTE, à part.
Et qu'importent des noms au bonheur de la vie?
Quoi! l'on me soutiendra que je me mésallie
En épousant les mœurs, la vertu, la beauté!
Ah! l'orgueil n'inventa la vaine qualité
Que pour y suppléer, et la mettre à leur place.
LABRIE, au comte.
Monsieur, le pauvre André vous demande une grâce;
Il voudrait vous parler, mais il ne l'ose pas.
LE COMTE, à André.
Pourquoi donc, mon ami? Parle avec confiance.
Tu sais, malgré ton zèle, que de toi je fais cas;
J'aime à te l'adoucir, et la crainte m'offense.
Il est vrai qu'à présent je suis fort occupé.
(A Labrie.)
Mais à leurs gens, dis-moi, n'est-il rien échappé?
Font-elles à Toulon quelque séjour?
LABRIE, au comte.
On doute
Qu'elles y soient longtemps. Elles vont dans l'Aunis.
ANDRÉ, à part.
O Dieu! s'il était vrai!
LABRIE, au comte.
C'est, dit-on, le pays
De madame d'Orfeuil.
ANDRÉ, à part.
Et c'est le mien.
LE COMTE, à Labrie.
Écoute;
Il n'est plus trop matin, va voir... Mais les voici.
Dieu! comment modérer les transports de mon âme?
ANDRÉ, à part.
Eh bien, je les prierai, je viendrai...
LE COMTE, à André.
Mon ami,
(A Labrie et à André.)
Demain, un autre jour. Laissez-nous.
(Labrie et André sortent.)

SCÈNE III

LE COMTE, CÉCILE, AMÉLIE.

LE COMTE, en baisant la main de Cécile.
Ah! madame,
Que ne vous dois-je point, et quels remerciements
Pourront... L'expression manque à mes sentiments.
C'est donc vous que je vois, c'est vous, belle Amélie!
A vos genoux enfin je puis...
AMÉLIE, se jetant au cou de Cécile.
O mon amie!
Cachez dans votre sein mon trouble et ma rougeur.
CÉCILE.
Pourquoi voudriez-vous lui cacher son bonheur?
De tous les sentiments qu'inspire la nature,
L'amour est le plus beau, quand la vertu l'épure.
AMÉLIE.
Puisque vous l'approuvez, qu'il lise dans mon cœur :
Vous faites plus pour moi qu'une sœur, qu'une mère.
Indulgente, attentive à tous mes vœux, hélas!
Vos généreuses mains...
CÉCILE.
Y pensez-vous, ma chère?
Eh quoi! vous me louez! ne nous aimons-nous pas?
(Au comte.)
Tout est dit. C'est pour vous que j'ai fait ce voyage.
AMÉLIE.
Qui? moi! qu'avec le comte à présent je m'engage,
Sans fortune, sans nom, par d'imprudents liens?
Je le ferais encor déshériter des siens!
Non, de grâce...
LE COMTE, à Amélie.
Madame, il n'est point d'avantage
Que je ne sacrifie au bonheur d'être à vous.
Mais sans bien vous ferai-je un destin assez doux?
Pardonnez cette crainte à l'amour le plus tendre!
Mon oncle est vieux; peut-être il vaudrait mieux attendre.
CÉCILE.
Parents durs et cruels qui nous tyrannisez,
Vous en voyez le prix! Trouvez-vous donc des charmes
A sécher par avance, à prévenir les larmes
Dont vos tombeaux un jour devaient être arrosés?
(Au comte.)
Monsieur, vous n'attendrez le trépas de personne.
Je dote mon amie, et, s'il faut dire plus,
Je dote ma fille. Oui, mes droits vous sont connus.
Mon cœur en est jaloux, et le sien me les donne.
AMÉLIE.
Que faire pour répondre à de si grands bienfaits?
CÉCILE.
Rien que les accepter, et n'en parler jamais.
AMÉLIE.
Non, l'honneur, le devoir me défend l'un et l'autre.
C'est à mon amitié de modérer la vôtre,
D'en arrêter l'excès sans jamais l'oublier,
De refuser vos dons et de les publier,
Je ne recevrai point...
CÉCILE.
Arrêtez, Amélie;
Songez que vos refus blesseraient votre amie.
Hâtons-nous d'assurer votre félicité.
(A part.)
Vous savez que bientôt... Hélas! trop tôt peut-être?
(A Amélie.)
Il faudra que j'engage aussi ma liberté.
Mais, avant de la perdre entre les bras d'un maître,
Je veux, selon mon cœur, en jouir une fois,
Et la faire servir au bonheur de tous trois.
AMÉLIE.
Trop généreuse amie!
LE COMTE.
O femme incomparable!
Sexe toujours charmant et toujours adorable!
(Ils prennent chacun une main de Cécile, et la baisent avec transport.)
CÉCILE.
Modérez ces transports, vous ne me devez rien;
On travaille pour soi lorsque l'on fait le bien.
Aimez-vous, aimez-moi : c'est là le prix qu'ose attendre...

SCÈNE IV

LE COMTE, CÉCILE, AMÉLIE, LABRIE.

LABRIE.
Ils arrivent, monsieur; ils viennent de descendre,
Au logis que pour eux on a fait préparer.
(Il s'en va.)

SCÈNE V.

LE COMTE, CÉCILE, AMÉLIE.

LE COMTE, à Cécile et à Amélie.

De vous quelques moments il faut me séparer;
Vous me le permettez? Ce sont des commissaires
Envoyés par la cour. Je ne tarderai guères.

(A Cécile, en baisant la main d'Amélie.)

Adieu, belle Amélie. Ah! madame, croyez
Qu'à jamais, tous les deux, nous sommes à vos pieds.

(Il s'en va.)

SCÈNE VI.

CÉCILE, AMÉLIE.

AMÉLIE.

Eh quoi! vous soupirez? Toujours triste, rêveuse.
Vous faites mon bonheur, et n'êtes pas heureuse?
Vous avez des chagrins que vous voulez cacher,
Et pourquoi dans mon sein ne les pas épancher?
N'est-ce que par des dons qu'on prouve sa tendresse?
Ah! c'est votre douleur, et non votre richesse,
Que ma vive amitié demande à partager.

CÉCILE.

Quand le cœur s'attendrit, il paraît s'affliger.
Témoin de votre amour, ma chère, à cette vue
(Pour le cacher, hélas! j'ai fait de vains efforts),
Mes sens se sont troublés, mon âme s'est émue.
Ah! je ne goûterai jamais ces doux transports.
Par des devoirs cruels en tout temps entraînée,
Je fus à l'infortune en naissant condamnée.

AMÉLIE.

Mais, si monsieur d'Olban n'est pas de votre goût,
Si vous ne l'aimez point, qui vous force, après tout
A l'épouser? De vous n'êtes-vous pas maîtresse?

CÉCILE.

Je ne sais: je voudrais remplir les derniers vœux
D'un époux qui pour moi montra tant de tendresse.
Au moment où sa mort allait briser nos nœuds :
« De mes biens, me dit-il, je vous fais héritière ;
J'ai pourtant un neveu; mais, Cécile, j'espère
Que peut-être, à son sort unissant vos destins,
Vous lui rendrez ces biens que je laisse en vos mains.
Puisse mon cher d'Olban vous aimer et vous plaire! »

AMÉLIE.

Mais à vous plaire enfin s'il n'est point parvenu,
Si pour lui votre cœur ne se sent prévenu,
Vous n'êtes engagée à rien, la chose est claire.
Il est riche d'ailleurs.

CÉCILE.

Riche? Il est en procès.
Sa fortune est douteuse et dépend du succès.
Il a des ennemis.

AMÉLIE.

Oui, sa franchise austère
Révolte trop souvent en ne déguisant rien.

CÉCILE.

Je ne hais pourtant pas en lui ce caractère :
S'il est homme du monde, il est homme de bien;
Je l'estime, et peut-être un sentiment plus tendre
M'eût-il enfin sans peine engagée à l'entendre,
Si mon cœur eût été libre comme le sien.

AMÉLIE.

Quoi! vous tenez encore à ce premier lien?
Et la mort d'un époux...?

CÉCILE.

Cesse de t'y méprendre,
Amélie, et connais l'objet de ma douleur.
Quand j'épousai d'Orfeuil, la volonté d'un père
Me fit de cet hymen un malheur nécessaire;
On ne donna ma main qu'en déchirant mon cœur.

AMÉLIE.

Voilà donc le sujet de la mélancolie
Dont le sombre nuage obscurcit vos beaux jours?
Peut-être d'autres feux votre âme alors remplie...

CÉCILE.

Ils ne sont pas éteints, et j'en brûle toujours.
Quand on aime une fois, n'est-ce pas pour la vie?
Je ne suis point coupable. Hélas! par mes parents
Cet amour malheureux fut approuvé longtemps.
Une religion, proscrite par le prince,
En deux partis encore divise ma province.
De la secte un ministre, appelé Lisimon,
Demeurait avec nous dans la même maison;
Imprudent, au désert il instruisait ses frères.

Attaché par malheur à des erreurs trop chères,
S'il n'eût eu des vertus, hélas! qu'aurions-nous fait?
Un homme fastueux qui, dans notre patrie,
De mon père longtemps occupa l'industrie,
Lui fit perdre en mourant tout ce qu'il lui devait.
J'étais bien jeune alors. Réduite à la misère,
Ma mère était en pleurs; j'étais sur ses genoux,
Et je pleurais aussi de voir pleurer ma mère.
Mon père seul, debout, l'œil attaché sur nous,
Gardait en nous fixant un silence farouche.
Pas un mot, un soupir n'échappait de sa bouche ;
On eût dit qu'il avait perdu le sentiment,
Quand Lisimon entra. « J'apprends en ce moment
Vos malheurs, lui dit-il. Consolez-vous, mon frère,
Car vous l'êtes encore : enfants du même père,
A nous aider l'un l'autre il nous daigne inviter ;
Nous l'aimons, il nous aime; il faut donc l'imiter.
Je viens pour vous offrir ce que la Providence
A mis en mon pouvoir, un asile et des soins;
Venez chez moi. Mon sort est loin de l'opulence;
Mais je peux quelque temps fournir à vos besoins,
Et nous partagerons le peu que je possède,
Jusqu'à ce qu'à vos maux trouvant quelque remède,
En votre ancien état on vous ait rétablis. »
En finissant ces mots, qui m'ont été depuis
Répétés tant de fois, ses lèvres me sourirent;
Il me prit par la main et m'emmena chez lui,
Où mon père et ma mère en pleurant nous suivirent.

AMÉLIE.

Ce que vous dites là me paraît inouï.
Tant de vertu m'étonne. Achevez, je vous prie,
Un récit qui déjà m'a si fort attendrie.
Que votre état, Cécile, était triste et touchant!
Parlez; que fit enfin cet homme respectable?

CÉCILE.

Quoiqu'il fût pauvre aussi, bienfaisant, charitable,
Hélas! il soulagea nos maux en les cachant.
Il fit secrètement une quête abondante,
Qui, pour tout réparer, fut plus que suffisante.
Mais, de nos bienfaiteurs ne nous séparant plus,
Nous ne fîmes dès lors qu'une même famille,
Et Lisimon sembla m'adopter pour sa fille,
Tandis que mes parents, à l'ouvrage assidus,
Travaillaient l'un et l'autre, et, par reconnaissance,
Tâchaient d'entretenir leurs hôtes dans l'aisance,
Lisimon m'élevait avec le jeune André.
C'est ainsi qu'on nommait son fils, qui de mon âge...

AMÉLIE.

J'entends. Un doux penchant...

CÉCILE.

Fut le fatal ouvrage
Du temps qui dans nos cœurs le forma par degré;
Le ministre entre nous partageait sa tendresse.
Il n'était qu'un seul point où sa délicatesse
De m'instruire à ma mère avait laissé l'emploi :
En suivant ses erreurs, il respectait ma foi.
L'amitié, qui d'abord unissait notre enfance,
S'accrut avec les ans, et fit place à l'amour.
On approuvait nos feux, et pour cette alliance
Nos parents de concert avaient fixé le jour,
Quand un soudain trépas nous enleva ma mère.
O mon Dieu! s'il est vrai que, réprouvé du ciel,
Cet hymen à tes yeux ait paru criminel,
N'était-ce qu'en frappant une tête si chère,
Que tu pouvais, hélas! rompre ces tristes nœuds,
Que ce coup fut cruel! dans le fond de mon âme
La plaie en saigne encore, et rien jamais...

SCÈNE VII.

CÉCILE, AMÉLIE, PICARD.

PICARD, à Cécile.

Madame,

Monsieur d'Olban arrive, et je viens en ces lieux
De voir un de ses gens qui précède son maître.

CÉCILE, à Picard.

Que dis-tu?

PICARD.

Dans Toulon il est déjà peut-être.

CÉCILE.

Quoi! d'Olban? quoi! sitôt? Son procès est fini,
Voici l'instant fatal, il faut prendre un parti;
Le temps presse, il le faut. Rentrons; je suis tremblante,
Je ne sais que résoudre, et mon sort m'épouvante.

ACTE DEUXIÈME

—

SCÈNE PREMIÈRE

M. D'OLBAN, LE COMTE.

LE COMTE, allant pour l'embrasser.
Oui, le voilà lui-même... Ah! c'est de tout mon cœur,
Mon cher et digne ami...

D'OLBAN, se reculant.
Votre ami! moi, monsieur?
Non, je n'ai plus d'amis.

LE COMTE.
Que dis-tu? quel vertige?
Ne reconnais-tu pas?...

D'OLBAN.
Je n'en ai plus, vous dis-je.
Je suis ruiné.

LE COMTE.
Vous?

D'OLBAN.
Ruiné tout à fait.
Il ne me reste rien, mon désastre est complet.

LE COMTE.
Quoi! vous êtes jugé? Votre affaire...

D'OLBAN.
Est au diable!

LE COMTE.
Vous deviez en attendre un plus heureux succès.
Pour vous de ce procès le droit indubitable...

D'OLBAN.
Et l'aurais-je perdu, s'il eût été mauvais?
Que je suis malheureux! j'aimai toujours les hommes.
Tout méchants qu'on les voit dans le siècle où nous sommes,
Je leur voulais du bien; et de ce fol amour
Voilà quel est le prix et l'indigne retour!

LE COMTE.
Le coup est accablant; mais la tendre Cécile
T'assure en ton naufrage un port sûr et tranquille.
Va, ne plains pas ton sort qui doit t'unir au sien;
Elle a fait mon bonheur; peux-tu douter du tien?

D'OLBAN.
Comment?

LE COMTE, vivement.
A mon amour elle accorde Amélie,
Et de ses biens en dot lui donne une partie.

D'OLBAN.
Il se fait donc encor quelque bonne action?

LE COMTE.
Ce jour verra sans doute une double union.

D'OLBAN.
Mon ami, vous voulez que j'aime encor la vie,
Mais qui sait, après tout? je suis si malheureux!
Peut-être que Cécile... On vient, c'est son ami;
Je vous quitte.

LE COMTE.
Et pourquoi? Quel motif à ses yeux
Te fait...?

D'OLBAN.
De mon malheur gardez de lui rien dire.

LE COMTE.
Quoi?

D'OLBAN.
Je veux que Cécile apprenne tout de moi:
Jusqu'au fond de son âme alors je saurai lire.
Je veux voir quel effet...

LE COMTE.
Eh bien, éloigne-toi,
Elle viendra bientôt; chez moi tu peux m'attendre;
Et j'irai t'avertir.

(D'Olban s'en va.)

SCÈNE II

LE COMTE, AMÉLIE.

LE COMTE.
A l'ardeur de mes feux
Rien ne s'oppose plus, et l'amant le plus tendre
Va donc aussi, madame, être le plus heureux!
Un nœud saint doit bientôt nous unir l'un à l'autre,
Et mon bonheur aura sa source dans le vôtre.

AMÉLIE.
Ah! monsieur, ce bonheur que nous nous promettons
Sera toujours pour moi bien mêlé d'amertume,
Tant que je verrai celle à qui nous le devons
En proie à des chagrins dont l'excès la consume..

LE COMTE.
Et quel peut donc, madame, en être le sujet?
Je vois que la fortune, ainsi que la nature,
Des plus rares bienfaits lui comble sans mesure.

AMÉLIE.
Le sort sur tant de dons verse un poison secret.
Cécile de son cœur m'a confié la peine;
Votre ami s'est flatté d'une espérance vaine.

LE COMTE.
D'Olban?

AMÉLIE.
N'est point aimé. Dites-lui franchement
Qu'il ne doit plus songer à cet engagement.
L'honnête homme jamais ne peut trouver de charmes
A des nœuds qu'une femme arrose de ses larmes.
Dites-lui...

LE COMTE.
Moi, madame? Y pensez-vous, hélas!
Qu'au sein de mon ami je porte le trépas?
Que, dans le désespoir, je plonge un misérable...
Que, peut-être déjà, trop d'infortune accable?
Ah! que m'apprenez-vous? Elle ne l'aime pas!
Ciel! voilà le seul coup qui lui restait à craindre.
O malheureux ami!

AMÉLIE.
Cécile est plus à plaindre.
Je la vois; laissez-nous, et courez la servir.

LE COMTE, en s'en allant, tandis qu'Amélie va au-devant de Cécile.
Non, cet ordre est cruel, je ne puis le remplir.

SCÈNE III

AMÉLIE, CÉCILE.

CÉCILE.
Je le dois, je le veux, j'y suis déterminée,
Oui, je le suis enfin. Contre cet hyménée
Je sens plus que jamais mon cœur se révolter.
Sur le don de ma main qu'il cesse de compter:
Je lui découvrirai les secrets de mon âme;
Il verra qu'attachée à sa première flamme,
Par un charme plus fort que le temps et que moi,
Elle est, mon cher André, toujours pleine de toi!
(A Amélie.)
Écoute jusqu'au bout le malheur de Cécile.
On craignit qu'à l'erreur mon cœur ne fût docile,
Et ma mère, en mourant, exigea d'un époux
Qu'il s'opposât lui-même à des liens si doux.
Hélas! que, pour tous trois, cette loi fut cruelle!
Mais mon père, en pleurant, y demeura fidèle.
Il fallut nous quitter; juge de nos adieux!
Voulent nous séparer, nous embrassant encore...
Ce spectacle toujours est présent à mes yeux,
Et nourrit dans mon cœur l'ennui qui le dévore.

AMÉLIE.
Que devinrent enfin ces hôtes si chéris?
En quels lieux...?

CÉCILE.
Lisimon, son épouse, et leur fils,
Dans un hameau voisin d'abord se retirèrent,
Et du pays bientôt tout à fait s'éloignèrent.
Vers ce temps-là, d'Orfeuil, revenant de Cadix,
Passa par La Rochelle, et s'en vint chez mon père
Commander quelque ouvrage. Il m'y vit; je lui plus,
Quoique je fusse alors loin de songer à plaire.
On conclut mon hymen, et je m'y résolus,
Parce que je voyais toucher à la vieillesse
Mon père dont le sort alarmait ma tendresse.
Mais de mon sacrifice, hélas! il jouit peu.
A peine il m'avait vu former ce triste nœud,
Qu'allant dans le tombeau se rejoindre à ma mère,
Sans regrets dans mes bras il finit sa carrière.
Heureuse, si plutôt la mort tranchant mes jours,
De mes longues douleurs eût abrégé le cours!

AMÉLIE.
O femme vertueuse autant qu'infortunée!
Quel modèle accompli le ciel nous offre en vous!
Toujours à votre sort soumise et résignée,
Vous n'en fîtes pas moins le bonheur de l'époux
A qui vous gémissiez de vous voir enchaînée.

CÉCILE.

Ah! tu ne conçois pas quels tourments j'ai soufferts!
Que l'hymen est affreux, quand, détestant nos fers,
Martyres d'une chaine, à des amants si douce,
Dans les bras d'un mari que notre cœur repousse,
Son amour nous accable, et qu'il faut par devoir
Feindre des sentiments que l'on ne peut avoir!
Oui, je puis l'attester, d'une femme sensible,
En des liens pareils, le destin est horrible;
Et tout ce que pour nous la vertu fait alors,
C'est que, dans cet enfer, nous sommes sans remords.

AMÉLIE.

Et n'avez-vous, depuis, jamais eu de nouvelle
Du malheureux André, de ses dignes parents?

CÉCILE.

Non. Puisse, hélas! de Dieu la bonté paternelle
Avoir versé sur eux ses bienfaits les plus grands!
Puisses-tu, cher amant, moins tendre et plus tranquille,
Ne te plus souvenir de ta triste Cécile,
Et loin d'elle goûter ce repos, ce bonheur
Que jamais loin de toi ne trouvera mon cœur!

AMÉLIE.

Comment! Vous ignorez...?

CÉCILE.

Ils ont changé d'asile.
Quand mon époux vivait, il ne convenait pas
Que j'en fusse occupée; et, depuis son trépas,
Mes recherches, mes soins, tout devient inutile.
Non, je n'espère pas de jamais le revoir;
A de nouveaux liens si ma main se refuse,
Ne crois pas que ce soit dans ce frivole espoir,
Ni qu'à ce point, hélas! je me flatte et m'abuse.
Mais, libre maintenant, n'obéissant qu'à moi,
Sans un crime réel puis-je engager ma foi,
Lorsqu'au pied des autels je sentirais mon âme,
Démentant mes serments, brûler d'une autre flamme?
Non, d'Olban; c'en est fait, il n'y faut plus songer;
Par vertu, par devoir, par égard pour vous-même,
Je ne peux... Le voici; qu'il vienne me juger,
Qu'il voie et qu'il prononce. Ah! s'il est vrai qu'il m'aime,
Répondre à ses désirs, ce serait l'outrager.

SCÈNE IV

CÉCILE, AMÉLIE, M. D'OLBAN.

D'OLBAN, à Cécile.

Quoiqu'attiré vers vous par l'amour le plus tendre,
Madame, j'avouerai que je ne comptais pas
Moi-même, de si près, suivre à Toulon vos pas.
Je vous revois plus tôt que je n'osais l'attendre.

CÉCILE.

On a donc à la fin jugé votre procès,
Et vous nous en venez annoncer le succès.
Il est gagné, sans doute?

D'OLBAN.

Il est perdu, madame.

CÉCILE.

Il est perdu! qu'entends-je?

D'OLBAN.

Épargnez à mon âme
Un détail révoltant.

CÉCILE.

Comment? vos ennemis
Ont pu...?

D'OLBAN.

Bon! aux méchants rien n'est jamais contraire,
Tout est pour eux.

CÉCILE.

Vos biens?

D'OLBAN.

Madame, ils les ont pris,
Et m'ont laissé l'honneur, dont ils n'avaient que faire.
Mes amis m'entouraient quand de ce jugement
On m'est venu porter la fatale nouvelle.
Aussitôt chacun d'eux m'embrasse tristement,
M'assure de nouveau d'une amitié fidèle,
Crie à l'iniquité, plaint mon sort... et s'enfuit.
Je me suis éloigné. Qu'aurais-je fait? du bruit?

CÉCILE.

Ah! monsieur, si l'on voit de ces gens durs, inflexibles,
Croyez qu'il est encor quelques âmes sensibles
Qui, des infortunés partagent les douleurs,
Recueillent leurs soupirs et tarissent leurs pleurs.
Dépouillé, méconnu par des hommes perfides,

Vous avez des amis, peut-être plus solides,
Qui se croiront heureux, si vous leur permettez...

D'OLBAN.

Madame, il est trop vrai, vous seule me restez :
Vous allez ou finir ou combler ma misère.
Je ne vous dirai plus combien vous m'êtes chère :
Vous le savez assez. Avant ce coup fatal,
Tandis qu'à votre sort le mien était égal,
Brûlant à vos genoux de l'amour le plus tendre,
Je briguais une main à laquelle, en mourant,
Votre mari daigna m'ordonner de prétendre.
Ma fortune est changée, et je suis maintenant,
Par un revers affreux, réduit à l'indigence;
Mais le sort ne m'a point fait changer avec lui.
Comme autrefois je fus riche sans insolence,
Je saurai sans bassesse être pauvre aujourd'hui.
Je viens vous déclarer qu'ici mon infortune
Ne doit, auprès de vous, rien faire en ma faveur;
Car votre âme n'est pas de la trempe commune,
Et je ne vous veux point devoir à mon malheur.
Oubliez qu'un époux, dont vous étiez chérie,
Souhaita cet hymen en terminant sa vie;
Oubliez qu'avec vous j'en devais hériter;
Ce n'est que votre cœur qu'il vous faut consulter.
Gardez que la pitié surtout s'y fasse entendre,
Je n'en ai pas besoin. Si vous ne trouvez point
Dans le fond de votre âme un sentiment plus tendre;
Si l'amour à l'estime en effet ne s'y joint,
A vous, à votre main, madame, je renonce.
Je reviendrai bientôt savoir votre réponse;
Adieu, consultez-vous; je vous laisse y songer.

(Il s'en va.)

SCÈNE V

CÉCILE, AMÉLIE.

CÉCILE.

Eh bien, ma chère, eh bien, suis-je assez malheureuse?
Vois l'abime où le sort vient de me replonger.

AMÉLIE.

A vous persécuter sa constance est affreuse;
Mais...

CÉCILE.

Il est ruiné!

AMÉLIE.

Dans son adversité
On peut le secourir, sans qu'il faille...

CÉCILE.

Que faire?
Il n'a plus rien; je suis sa ressource dernière.

AMÉLIE.

J'aperçois un forçat qui vient de ce côté;
Retirons-nous, madame.

CÉCILE.

O ma chère Amélie!
Pense, pense à d'Olban : le voilà ruiné.
Veux-tu qu'en cet état il soit abandonné?

AMÉLIE.

Non, il est des moyens... Mais rentrons, je vous prie.
Voyez, cet homme approche, il a quelque dessein.
Nos gens sont éloignés. Pardonnez ma faiblesse;
De ma frayeur ici je ne suis pas maîtresse.

CÉCILE.

Oui, rentrons. Ah! quel coup! quel étrange destin!
O ciel! est-ce donc peu du malheur qui m'opprime,
Et des malheurs d'autrui dois-je être encor victime!

(Elles s'en vont.)

SCÈNE VI

ANDRÉ, seul.

Les voilà qui s'en vont. Elles semblent me fuir.
L'épouvante, à ma vue, a paru les saisir,
Et mon abord ici fait qu'elles se retirent.
Je ne puis les blâmer : leur crainte est juste, hélas!
Enchaîné, confondu parmi des scélérats,
Je partage l'horreur et l'effroi qu'ils inspirent...
Ah! je m'y suis mal pris. Près d'elles je devais
Par quelqu'un de leurs gens tâcher d'avoir accès.
Leur pays est le mien. Cette raison peut-être
Les intéressera pour moi plus vivement :
Pour les sentiments doux leur sexe paraît naître,
Et, formé pour aimer, s'attendrit aisément.

O digne et triste objet d'une funeste flamme!
Vous dont le souvenir vit toujours dans mon âme,
Pour qui je brûle encor de cette même ardeur,
De ce feu qui jadis nous charmait l'un et l'autre,
Quand nous pensions toucher au comble du bonheur;
Que ne puis-je en ces lieux trouver dans quelque cœur
La sensibilité qui régnait dans le vôtre,
Sa bonté généreuse et son humanité!
L'auriez-vous dit, hélas! vertueuse Cécile
(Pardonnez, si ce nom si cher, si respecté,
M'échappe dans un lieu par l'opprobre habité) !
L'auriez-vous dit, qu'un jour la chaîne la plus vile...?
Sort injuste et barbare; avais-je mérité...?
Mais que dis-je? à présent, sur ce même rivage,
Mon père gémirait, si pour lui mon amour
Ne m'eût fait librement demander l'esclavage.
C'est pour lui qu'entraîné dans ce triste séjour...
Hélas! en mes malheurs j'aurais plus de constance,
Si le ciel sur moi seul épuisait sa vengeance.
Peut-être l'infortune accable mes parents...
Soulagez-les, mon Dieu!... s'ils sont encor vivants.
Je mouille en vain ces bords de mes larmes amères,
Et l'heure me rappelle au vaisseau détesté,
A ce séjour de honte et de calamité.
Allons! mais si je vois sortir ces étrangères,
J'irai prier alors quelqu'un de leurs valets
De vouloir à leurs pieds conduire un misérable :
J'y mettrai ma douleur, mes peines, mes souhaits;
Elles auront pitié du destin qui m'accable.

ACTE TROISIÈME

SCÈNE PREMIÈRE

CÉCILE, AMÉLIE.

CÉCILE.

Viens me féliciter du triomphe pénible
Que je remporte enfin sur ce cœur trop sensible.
J'épouserai d'Olban. Je l'ai fait avertir;
Pour avoir ma réponse, il doit bientôt venir.
Oui, qu'il vienne! Je vais lui donner ma paro
Une seconde fois, ma chère, je m'immole!

AMÉLIE.

Hélas! qu'un tel parti doit vous avoir coûté!

CÉCILE.

J'ai combattu beaucoup, j'ai longtemps résisté.
J'étais au désespoir ; et d'un effort semblable
Je n'aurais jamais cru que mon cœur fût capable.
Je sens de la vertu l'enthousiasme heureux.
Suivons, puisqu'il le faut, un devoir rigoureux.
Nous n'avons qu'un instant à rester sur la terre ;
Dans cet instant, du moins, au ciel tâchons de plaire.
Qu'une si courte vie a pourtant de douleurs !
Et qu'elle paraît longue à passer dans les pleurs!

AMÉLIE.

Vous n'en verserez plus. Non, ma chère Cécile,
Et le ciel...

CÉCILE.

Je ne sais, mais je l'ose espérer.
Il me semble déjà que je suis plus tranquille ;
Mon cœur moins agité commence à respirer ;
De ce calme imprévu moi-même je m'étonne.

AMÉLIE.

Tel est de la vertu le favorable effet :
Au plus grand sacrifice, alors qu'elle l'ordonne,
Elle attache toujours un charme, un prix secret.
Vous avez triomphé d'une inutile flamme;
Libre enfin...

CÉCILE.

Que dis-tu? moi! je n'ai plus d'amour?
André ne m'est plus cher? Ah ! peut-être mon âme
Jamais de tant de feux n'a brûlé qu'en ce jour.
Avec le même excès je l'aime, je l'adore,
Je trouve du plaisir, en me sacrifiant,
A penser que de lui je suis plus digne encore.
« A ma place, me dis-je, il en ferait autant; »
Et cette douce idée en secret m'encourage,
Console mon esprit, l'affermit davantage.
Tu ne l'as pas connu, cet amant généreux,

Tu ne sais pas combien il était vertueux.
Jamais...

AMÉLIE.

Voici d'Olban ; Cécile, je vous quitte,
Souffrez que, sans tarder, le comte apprenne aussi
Que vous allez enfin rendre heureux son ami.
Je cours l'en informer.

(Elle s'en va.)

SCÈNE II

CÉCILE, M. D'OLBAN.

CÉCILE.

Quoi ! je suis interdite !
En le voyant, déjà je commence à trembler...
Remettons-nous : il n'est plus temps de reculer.

D'OLBAN.

A vos ordres, madame, empressé de me rendre,
Plein de crainte et d'espoir, de vous je viens apprendre
Ce que vous daignerez ordonner de mon sort.

CÉCILE.

Si ma main en effet peut le rendre propice...
Elle est à vous, monsieur ; que l'hymen nous unisse.

D'OLBAN, lui baisant la main avec transport.

Ah ! que je la reçois, madame, avec transport !
De ma félicité mon âme est enivrée.
Mes destins sont changés. Cette main adorée
Efface tous les maux que les hommes m'ont faits.

CÉCILE.

Vous savez l'amitié que j'ai pour Amélie.
Je l'engage à vouloir accepter mes bienfaits,
Afin qu'avec le comte elle puisse être unie.
Ma fortune permet...

D'OLBAN.

Eh ! que me parlez-vous
De fortune, de biens ? Je les méprise tous.
Par ce don généreux, en faveur d'une amie,
A mes regards encor vous êtes enrichie.
Je suis l'ami du comte, et sans doute il m'est doux
De voir que nous allons tous être heureux ensemble.
Ah ! puisqu'ici du ciel la bonté nous rassemble,
Daignez céder, madame, à notre empressement,
Et qu'à jamais béni par les uns et les autres,
Ce jour fixe à la fois leurs destins et les nôtres.

CÉCILE.

Vous avez ma parole ; il faut dès ce moment
Que je règle mes vœux, mes désirs sur les vôtres.

D'OLBAN.

Je vais pourvoir à tout, et reviens à l'instant.
Voyons de mon malheur si ce jour me délivre,

(A part.)

Si le sort dans ses bras osera me poursuivre

(Il sort.)

SCÈNE III

CÉCILE, seule.

Dans mes bras !... Quoi ! pour lui ces bras vont donc s'ou-
Un nœud indissoluble avec lui va m'unir !   [vrir !
On a pu m'arracher cette promesse affreuse !
Qu'ai-je fait ? qu'ai-je dit ? est-il vrai, malheureuse ?...
Eh bien, oui, cher amant, il recevra ma foi ;
Mais l'amour, mais le cœur seront toujours à toi.
Je vais dans les regrets finir ma triste vie :
Me punisse le ciel, si jamais je l'oublie !
Ma consolation, mon unique plaisir,
Mon emploi le plus doux, jusqu'à ce que je meure,
Seront de conserver ton tendre souvenir,
De m'occuper de toi, d'y songer à toute heure,
De gémir en secret sur la fatalité
Qui trompa si longtemps ma recherche inquiète.
Ah ! toi-même, pourquoi me cacher ta retraite ?
Que je viens-tu ?... Mais non, non, reste désormais ;
En quel lieu que tu sois... ah ! ne reviens jamais ;
Tu reviendrais trop tard... Où donc est Amélie ?
D'où vient que... Mais c'est elle.

SCÈNE IV

CÉCILE, AMÉLIE.

CÉCILE, courant se jeter dans les bras d'Amélie.

Il est fait, mon amie;
Ce cruel sacrifice ! il est fait, j'ai promis.
Peux-tu m'abandonner dans l'état où je suis?

AMÉLIE.

Eh quoi ! je vous retrouve affligée, abattue ?
Cécile, en vous quittant, me serais-je attendue
A ce prompt changement ? Tout à l'heure, à vous voir,
On eût dit...

CÉCILE.

Je tâchais de m'aveugler moi-même ;
J'espérais (fol espoir d'une douleur extrême !)
Me donner de la force, en feignant d'en avoir ;
Je m'étais étourdie, et ce moment d'ivresse
M'a mieux livrée ensuite à toute ma faiblesse.
Je l'épouse ce soir !... Nous irons toutes deux
Former en même temps ces redoutables nœuds.
Mais quelle différence, hélas !

AMÉLIE.

O mon amie !
Que ne puis-je pour vous, aux dépens de ma vie...

CÉCILE.

Je serai près de toi. L'aspect de ton bonheur,
Quand je tendrai mes mains à cette chaîne affreuse,
De ce moment peut-être affaiblira l'horreur.

AMÉLIE.

Espérez plus ; le ciel vous fit trop vertueuse
Pour ne pas à la fin devoir vous rendre heureuse.
Vous estimez d'Olban : l'habitude, le temps
Feront naître pour lui de plus doux sentiments ;
Et l'on vient quelquefois à trouver mille charmes
Aux suites d'un hymen commencé dans les larmes.
Peut-être pourrez-vous oublier...

CÉCILE.

Non, jamais !
De cet amant chéri je vois toujours les traits ;
Je ne peux un moment écarter son image.
Veux-tu que je te dise encore davantage ?
A présent même, hélas ! il me semble le voir,
Me reprochant déjà mon nouveau mariage,
Mettre à mes pieds ici ses pleurs, son désespoir.
Je ne sais quelle voix dans le fond de mon âme
Semble crier : « Arrête ! il vient, il est tout près ;
L'éclat de la vertu relève ses attraits ;
Garde-toi d'achever, et de trahir sa flamme ! »
Oui, tu peux me blâmer, mais ce pressentiment
Me tourmente avec force, il me trouble et m'accable,
Je crois qu'il sera vrai. Tu verras sûrement,
Dès que j'aurai formé ce lien déplorable,
Tu verras le destin me ramener André ;
Je le retrouverai, te dis-je, et j'en mourrai.

AMÉLIE.

Eh ! pourquoi voulez-vous accroître ainsi vos peines
Par des illusions si tristes et si vaines ?

SCÈNE V

CÉCILE, AMÉLIE, PICARD.

PICARD, à Cécile.

Madame, un des forçats qui sont là sur le bord
Demande à vous parler. Il m'a vu près du port,
Et m'est venu prier, d'une façon touchante,
De tâcher d'obtenir cette grâce de vous.
Il a dans son malheur l'air honnête et bien doux ;
Je m'en suis informé, tout le monde le vante ;
On dit que dans la ville il est considéré ;
Et, si vous permettez, je vous l'amènerai.
C'est un galérien d'une espèce nouvelle.

CÉCILE.

Qu'il vienne.

AMÉLIE, au laquais qui sort.

Cependant tenez-vous près d'ici,
Ne vous éloignez point, au cas qu'on vous appelle.

SCÈNE VI

CÉCILE, AMÉLIE, ANDRÉ.

AMÉLIE.

Que veut donc ce forçat ? Quel est...? Mais le voici.
C'est lui qui ce matin...

CÉCILE.

Sa démarche est timide,
Il s'avance à pas lents.

ANDRÉ, s'arrêtant dans le fond du théâtre.

A l'espoir qui me guide,
Quelle frayeur se mêle ! Ah ! que je suis troublé !

Non, la honte jamais ne m'a tant accablé ;
Et jamais la fierté qu'inspire l'innocence,
Pour soutenir mon cœur n'est si peu de puissance.

CÉCILE, tirant sa bourse et y prenant de l'argent.

C'est un infortuné. Faut-il être inhumains
Parce qu'il fut coupable ? Il n'est que plus à plaindre,
Et je veux l'assister.

AMÉLIE, à André, qui se tient éloigné.

Approchez sans rien craindre.

CÉCILE, lui présentant l'argent.

Tenez ; que ce secours soulage vos destins.

ANDRÉ, se reculant sans prendre l'argent, et levant les mains au ciel.

Vous m'exaucez, mon Dieu ! je trouve enfin une âme
Sensible à mes douleurs.

(Puis, s'avançant vers Cécile, les yeux baissés et dans une posture suppliante.)

Oui, sans doute, madame,
Vous les pouvez finir... Je suis trop malheureux
Pour qu'à mes maux ici l'argent puisse rien faire.
Ce sont d'autres bontés, madame, que j'espère ;
Et je viens implorer des soins plus généreux.

CÉCILE, à part, fixant le galérien avec un mouvement de surprise.

Quel son de voix ! quels traits !

ANDRÉ.

J'eus un père... une mère...
Hélas ! les ai-je encore ?... Un silence profond
Me laisse dès longtemps ignorer ce qu'ils font.

CÉCILE, à part.

O Dieu !

ANDRÉ.

S'ils sont vivants, leur misère est extrême ;
Vous êtes, m'a-t-on dit, de la province même
Où, depuis mon malheur, ils ont pu retourner ;
Madame, daignez prendre et leur faire donner
Cet argent amassé par un travail pénible.
Faites-leur dire...

CÉCILE.

Quoi ?

ANDRÉ.

Qu'à son sort peu sensible,
Leurs fils ne pleure ici, ne gémit que sur eux,
Et qu'au milieu des fers...

CÉCILE, à part.

Si j'en croyais mes yeux !...
J'en rougis.

AMÉLIE.

Il me touche.

CÉCILE, se retournant vers Amélie.

O ciel ! ô mon amie !

AMÉLIE.

Comment concilier des sentiments si grands
Avec ces fers honteux, ces marques d'infamie ?

CÉCILE.

(A part.)

Non, il n'est pas possible... Eh bien donc, vos parents,
En quels lieux étaient-ils, lorsque vous les quittâtes ?
Dites-moi dans quel temps vous vous en séparâtes.
Si je peux vous servir, je m'en applaudirai.
Depuis quand n'avez-vous reçu de leurs nouvelles ?

ANDRÉ, toujours les yeux baissés.

Depuis plus de sept ans que des chaînes cruelles
Me retiennent.

CÉCILE.

Sept ans !

ANDRÉ, toujours les yeux baissés.

Quand je m'en séparai
Pour venir habiter ce rivage funeste,
A peine en Languedoc nous établissions-nous.
Nous quittions La Rochelle, où la bonté céleste
Nous avait fait longtemps jouir d'un sort plus doux.

CÉCILE, vivement.

Que dis-tu ? La Rochelle ?... Et c'est votre patrie ?

ANDRÉ.

Oui, madame.

CÉCILE.

Achevez.

AMÉLIE.

Que je suis attendrie !

CÉCILE, à André.

Vos parents ?

ANDRÉ.

Sont sans nom, dans un rang ignoré.

CÉCILE.

Chaque mot qu'il me dit est un trait de lumière.
Connais-tu Lisimon ?

ANDRÉ, levant alors les yeux sur Cécile avec étonnement.

Lisimon ! c'est mon père,
Madame.

CÉCILE, en se reculant et poussant un grand cri.

C'est ton père !... Ah ! malheureux André !
(Elle tombe évanouie entre les bras d'Amélie.)

ANDRÉ, avec saisissement.

Ciel ! quel nom m'a frappé ? Que vois-je ? Est-ce bien elle ?

AMÉLIE, soutenant Cécile.

Elle est sans connaissance... Holà ! Picard, Lucelle !
Accourez, venez tous. Dieu ! quel événement !

ANDRÉ, fixant Cécile et tout hors de lui-même,

Quel coup de foudre, ô ciel ! Ah ! Cécile ! Cécile !

AMÉLIE, aux laquais, qui arrivent avec précipitation.

Venez donc, hâtez-vous ! Il la faut promptement
Emporter au logis : il sera plus facile
De lui donner alors tous les secours qu'il faut.
(Puis, collant sa bouche sur celle de Cécile.)

O malheureuse amie !

CÉCILE, revenant de son évanouissement, et regardant autour d'elle avec inquiétude.

Est-il loin ? Quoi ! si tôt ?
Où donc est-il allé ? Quelle raison soudaine...?
Ah !... je le vois enfin !... En quel état, mon Dieu !
Mais que veulent ces gens ?

AMÉLIE.

Souffrez qu'on vous emmène.

CÉCILE.

Moi ?

AMÉLIE.

Vous avez besoin de vous remettre un peu.
Votre saisissement vient d'être tout à l'heure
Si violent, qu'il faut...

CÉCILE.

Il faut que je demeure.
Oui, je veux lui parler. Qu'ils se retirent tous.
Éloignez-vous, vous dis-je. Allez...
(Les laquais se retirent.)

ANDRÉ.

Est-ce donc vous ?
Est-ce vous, ma Cécile ? Amante toujours chère !
Permettez qu'à vos pieds...
(Il s'avance vivement pour se jeter aux pieds de Cécile ; mais à peine a-t-il mis un genou à terre, que, se relevant soudain, il se détourne avec effroi.)

Que fais-tu, malheureux ?
Où t'allait emporter une ardeur téméraire ?
Ah ! j'oubliais... Voici, voici l'instant affreux
Où je sens tout le poids du destin qui m'accable.
(Il va s'appuyer contre un mur, dans l'attitude d'un homme accablé de douleur, et en poussant de longs sanglots.)

AMÉLIE.

C'est donc là cet André !... Rencontre épouvantable !
Puisqu'il était ainsi, fallait-il le revoir ?

CÉCILE, regardant tristement André.

Il paraît agité d'un sombre désespoir.
Allons à lui... Mais, Dieu ! que pourrai-je lui dire ?
(Elle s'avance vers André.)

Malheureux, devant qui mon âme se déchire,
Modère ta douleur, reconnais une voix
Qui sut, en d'autres temps, la calmer tant de fois.
Ah ! que ces temps sont loin ! Quel changement terrible
Leur a pu succéder !... Hélas ! comment mes yeux
L'auraient-ils reconnu dans ces indignes lieux,
Sous cet infâme habit, en cet état horrible ?

ANDRÉ.

Que dire ? où me cacher ? O terre ! entr'ouvre-toi !
A sa vue, à ses pleurs, terre, dérobe-moi !

CÉCILE.

Le fils de Lisimon !... d'un si vertueux père !...
Celui dans qui jadis j'eus un amant, un frère !...

ANDRÉ, ayant quitté sa première attitude, et levant les yeux au ciel.

Vous entendez, mon Dieu ! ce reproche accablant ;
Vous voyez que j'en bois l'amertume effroyable ;
Et pourtant vous savez de quoi je suis coupable !

CÉCILE, paraissant rêver profondément.

Plus je songe au passé, moins je conçois comment...

AMÉLIE.

Quelque écart... une faute... un oubli d'un moment...
Lorsque de son malheur nous apprendrons la cause,
Peut-être dirons-nous qu'on est dû le punir
Avec moins de rigueur.

CÉCILE, à André.

Je voudrais et je n'ose
T'interroger... Je crains de te faire rougir.

ANDRÉ.

Rougir ?... Ah ! ma Cécile ! il est donc véritable,
A vos regards enfin je parais méprisable ?
Vous croyez en effet que c'est le crime...?

CÉCILE.

Hélas !
Si j'en pouvais douter, que je serais heureuse !

ANDRÉ.

Votre âme a pu s'ouvrir à cette idée affreuse !
Qu'un autre l'eût pensé, je ne m'en plaindrais pas ;
Mais vous !

CÉCILE.

Eh ! malheureux ! que veux-tu que je pense ?

ANDRÉ.

J'avais cru qu'on devait davantage estimer
Un cœur qui, sans vertu, n'eût osé vous aimer,
Qui vous adore encor.

CÉCILE, en tressaillant.

Quoi ! malgré l'apparence !...
Ah ! j'en mourrais de joie, et tous mes sens d'avance...
Mais ces chaînes ? ces fers ? ce séjour plein d'horreur ?

ANDRÉ.

Je n'ai point de remords. Plût à Dieu que mon cœur
Ne me tourmentât pas plus que ma conscience !

CÉCILE, avec transport.

Le mien avidement reçoit cette espérance.
Parle donc, hâte-toi de me tirer d'erreur.
De quoi t'accusait-on ? Quel complot détestable
T'a pu faire traiter comme un vil criminel ?
Explique ce mystère horrible, inconcevable.

ANDRÉ.

Je ne le puis.

CÉCILE.

Comment ! tu ne le peux, cruel,
Te justifier ?

ANDRÉ.

Non, sans me rendre coupable.

CÉCILE.

Va, tu ne l'es que trop ! Laisse-moi, malheureux.
Tu te tais, mais j'entends ce silence odieux.
Toi des secrets pour moi !... des secrets !... Ah ! parjure !
En avais-tu jadis, quand ton âme était pure ?

ANDRÉ.

J'en ai si peu pour vous, que sur ces tristes bords
Si le crime en effet eût conduit ma jeunesse,
Dans votre sein moi-même, en pleurant ma faiblesse,
J'en aurais déposé la honte et les remords.
Mais je suis innocent. C'est un secret terrible,
Un secret que m'impose un devoir inflexible ;
Il ne m'appartient pas, et vous le trahiriez.

CÉCILE.

Moi ?

ANDRÉ.

Plus je vous suis cher, moins vous le garderiez.
Vous céderiez, Cécile, au malheur qui m'accable ;
Je serais libre alors, et je serais coupable.
Vous pleurez, chère amante !... Ah ! si je vous disais...
Pleurez mon infortune, et non pas mes forfaits.
Je sais que tout m'accuse... Eh bien, tout vous égare.
La vertu nous unit, le malheur nous sépare.
Ne demandez plus rien. Adieu, Cécile, adieu !
Pour ne me voir jamais quittez ce triste lieu,
Tâchez de m'oublier ; mais, je vous en conjure,
Pensez à mes parents.
(Il sort.)

SCÈNE VII

CÉCILE, AMÉLIE, M. D'OLBAN, LE COMTE.

D'OLBAN, à Cécile.

Madame, on a fini ;
Les contrats sont dressés, et pour la signature
Nous venons... Me trompé-je ? O ciel ! que vois-je ici ?
Cécile, vous pleurez ?

LE COMTE, à Amélie.

Et vous, madame, aussi ?

AMÉLIE.

Eh ! qui ne pleurerait ?

CÉCILE, portant la main à son front.

Ma tête s'embarrasse.
(A Amélie.)

Ma chère, allons-nous-en ; viens, donne-moi ton bras.

D'OLBAN.

Que vient-il d'arriver?

LE COMTE.

Apprenez-nous de grâce...

AMÉLIE.

Respectez sa douleur, et ne nous suivez pas.

D'OLBAN.

Ma surprise est extrême.

CÉCILE, en s'en allant.

O quelle destinée!
Qu'ai-je donc fait au sort, et pourquoi suis-je née?

(Elle sort avec Amélie.)

SCÈNE VIII

M. D'OLBAN, LE COMTE.

D'OLBAN.

Quel retour! je m'y perds, et je n'y conçois rien.
Elle se plaint du sort; elle pleure, soupire :
Qu'a-t-elle qui l'afflige? et que veut-elle dire?
Quel accident soudain?... Quoi! se pourrait-il bien
Que ce fut encor moi...? Viens, quoi qu'il en puisse être,
Quel que soit mon malheur, je prétends le connaître.

ACTE QUATRIÈME

SCÈNE PREMIÈRE

M. D'OLBAN, seul.

Je reconnais bien là mon étoile maudite!
Vainement je la fuis, jamais je ne l'évite ;
Elle me suit partout. Son ascendant fatal
Vient parmi des forçats me chercher un rival.
Mais suis-je ici le seul et le plus misérable!
Quoi! je connais Cécile, et c'est moi que je plains!
Plaignons, plaignons plutôt cette femme adorable.
Méritait-elle, ô ciel! d'aussi cruels destins?
Quels sentiments! quelle âme et noble et généreuse!
Elle allait s'immoler pour finir mes malheurs,
Me taisait ses combats et me cachait ses pleurs.
Hélas! que je la perde, et qu'elle soit heureuse!
Mais non, le même coup nous écrase tous deux.
La voici. Sa démarche, incertaine, égarée,
Montre le désespoir où son âme est livrée.
On entend ses sanglots, la mort est dans ses yeux.
Quel cœur ne se fendrait à ce spectacle affreux!
Oui, la vie à présent est un poids qui m'accable.
Je ne sais comme on peut se souffrir ici-bas.
Ah! la terre est vraiment un séjour effroyable,
Puisque tant de vertu, de mérite et d'appas
N'y sont pas à l'abri d'un sort si déplorable.

SCÈNE II

M. D'OLBAN, CÉCILE.

(Cécile, l'air abattu, les yeux humides et tenant un mouchoir à la main, s'avance à pas lents, s'arrête souvent, s'aperçoit point d'Olban, qui se retire un peu à l'écart, en la regardant tristement.)

CÉCILE.

Où vais-je?... Quel désordre agite tous mes sens?
Où porté-je mon trouble et mes pas chancelants?...
Une pente secrète... une force invincible
Malgré moi me ramène à ce rivage horrible...
Quel espoir m'y conduit, et qu'y viens-je chercher?
C'est dans ces lieux cruels que j'ai trouvé ma perte ;
C'est ici que tantôt ma tombe s'est ouverte.
Ah! pourquoi donc encor ne m'en puis-je arracher?
Quel pouvoir étonnant, quel charme enfin m'attire?
O cœur faible et sanglant, tu ne fais sur ce bord
Qu'enfoncer plus avant le trait qui te déchire!
Tu reviens sur le coup qui t'a donné la mort!

(Apercevant d'Olban, qui s'avance vers elle.)

Mais que vois-je? d'Olban?

(Elle se détourne d'abord, en se couvrant le visage de son mouchoir; puis elle lève enfin les yeux sur lui, le regarde en pleurant, et ils restent quelques moments l'un et l'autre en silence.)

D'OLBAN.

Je vous entends, madame;
Oui, c'est m'en dire assez, et je lis dans votre âme.

Mais j'en ai su trop tard les secrets sentiments.
Croyez que, si plus tôt j'avais pu les connaître,
Je vous eusse épargné quelques larmes, peut-être.
Ce n'est pas pour vouloir, en ces affreux moments,
M'armer de vos bontés pour croître vos tourments;
Non, madame, je viens vous rendre une promesse
Dont je ne me pourrais prévaloir sans bassesse.
Instruit et pénétré de ce que je vous doi,
Sur votre exemple ici je règle ma conduite :
Par un sublime effort vous vous donniez à moi;
En renonçant à vous, il faut que je l'imite ;
Et je ne peux, hélas! m'acquitter qu'à ce prix.
Que dis-je, y renoncer? Nous resterons unis
Par un lien moins doux, mais aussi respectable.
Le sort fût-il pour moi cent fois plus implacable,
Malgré mon infortune et le sort ennemi,
N'étant point votre époux, je serai votre ami.

CÉCILE.

Si d'adoucir mes maux quelque chose est capable,
C'est vraiment la pitié, la générosité,
Que vous daignez montrer pour une infortunée...
Par quels forfaits, mon Dieu, puis-je avoir mérité
Qu'à de si rudes coups vous m'ayez condamnée?...
Ah! d'Olban, voyez donc quelle est ma destinée!
Ce n'est qu'après huit ans que je le trouve, hélas!
Et je le trouve... Non, je n'y survivrai pas.

(Elle porte son mouchoir sur ses yeux.)

D'OLBAN.

Ne cachez point vos pleurs, ils sont trop légitimes.
J'en mêlerai moi-même à ceux que vous versez;
Mes malheurs m'aigrissaient, et vous m'attendrissez.

CÉCILE.

O Dieu!

D'OLBAN.

Vous n'avez pu savoir encor quels crimes...

CÉCILE.

Il affirme, il soutient qu'il n'est pas criminel;
Je ne sais rien de plus. Il se tait sur le reste,
Et s'obstine à garder un silence funeste.
Qu'imaginer? que croire en cet état cruel?
Maintenant, Amélie est à presser le comte
De faire là-dessus une recherche prompte.
Nous nous éclaircirons, je crois, par ce moyen.

D'OLBAN.

Vous allez être instruite, ils reviennent ensemble.

CÉCILE.

Ah! que m'apprendront-ils? Je désire et je tremble.
Peut-être il valait mieux tout ignorer...

SCÈNE III

CÉCILE, M. D'OLBAN, AMÉLIE, LE COMTE.

CÉCILE, regardant le comte avec embarras.

Eh bien,
Que venez-vous enfin m'annoncer?

LE COMTE.

J'ai moi-même
Cherché partout, madame, avec un soin extrême ;
Mais mon zèle, mes soins ont été sans succès ;
Il faut que l'on n'ait point apporté son procès.
Voyant de ce côté mon espérance vaine,
J'ai demandé celui qui conduisait la chaîne
A l'époque où je sais qu'André vint sur ce bord.
En effet, c'était là ma ressource dernière,
Et sans doute on en eût tiré quelque lumière ;
Mais, depuis l'an passé, ce conducteur est mort.
Ainsi, c'est d'André seul, ce n'est que de sa bouche
Que l'on peut aujourd'hui savoir ce qui le touche.
Nous devons nous résoudre à toujours l'ignorer,
S'il persiste à vouloir ne le point déclarer.

CÉCILE.

Il se dit innocent.

LE COMTE.

Cela n'est pas croyable;
Son état le dément et prouve contre lui.
Est-ce que dans les fers il serait aujourd'hui?
L'aurait-on condamné?...

D'OLBAN.

Je te trouve admirable!
Comme si, dans ce monde où tout va de travers,
L'homme n'était jamais faible, aveugle ou pervers!

AMÉLIE.

Pourquoi donc ce silence?

D'OLBAN.
Oh! voilà le mystère.
LE COMTE.
Avouons cependant qu'il n'est pas ordinaire
Que des juges...
D'OLBAN.
Tu peux t'en rapporter à moi.
Va, j'en sais, Dieu merci, quelque nouvelle.
CÉCILE.
Eh quoi!
Il n'est plus vertueux... il est encor sensible!
Je n'imaginais pas que cela fût possible.
Est-ce qu'en y versant ses poisons corrupteurs,
Le crime en même temps n'endurcit pas les cœurs?
J'avais cru que le vice étouffait la nature,
Que toujours l'âme tendre était honnête et pure.
LE COMTE.
Ah! madame, il ne faut qu'un instant malheureux,
Et pour nous l'innocence est un dépôt des cieux,
Qui, dans nos faibles mains, facilement s'altère.
CÉCILE.
Encor pour ses parents plein d'un tendre intérêt,
Il cherchait les moyens d'adoucir leur misère;
Il venait m'implorer pour son père et sa mère;
Et ce soin généreux près de nous l'attirait.
LE COMTE.
Pour moi, je l'avouerai, l'équité le demande,
Depuis près de deux ans qu'en ces lieux je commande,
Il s'est toujours conduit comme un homme de bien.
AMÉLIE.
Quel contraste inouï!
D'OLBAN.
Moi, je n'y comprends rien.
LE COMTE.
Du reste des forçats on le distingue, on l'aime;
Chacun veut l'employer. Je lui donne moi-même
Toute la liberté que son état permet,
Et rends son esclavage aussi doux qu'il peut l'être.
D'OLBAN.
J'entrevois là-dessous quelque étonnant secret,
Qu'il faut absolument parvenir à connaître.
Mon ami, fais venir cet homme singulier :
Je veux le voir. S'il garde avec moi le silence,
Au défaut de la voix, l'air et la contenance
Disent la vérité.
LE COMTE.
Je vais vous l'envoyer.
(Il sort.)

SCÈNE IV

CÉCILE, AMÉLIE, M. D'OLBAN.

D'OLBAN, à Cécile.
Sur tout ce que j'entends, je gagerais d'avance
Qu'il n'est pas criminel : je le souhaite au moins.
Laissez-moi débrouiller ce chaos.
CÉCILE.
A vos soins
Que ne devrai-je pas, monsieur! et que j'admire
La grandeur de votre âme en cet événement!
Jamais elle n'a mieux paru qu'en ce moment.
Mon cœur en est touché plus que je ne puis dire.
Je penche comme vous à le croire innocent,
Si je m'abuse, hélas! mon erreur m'est bien chère.
AMÉLIE.
Le voici qui s'avance.

D'OLBAN, à Cécile.
Il faut vous retirer.
Je le pénétrerai; mais il est nécessaire
Que je lui parle seul.

CÉCILE.
Oui, nous allons rentrer.
Je me confie aux soins que vous voulez bien prendre.
Quel qu'en soit le succès, revenez me l'apprendre.
Ce que vous aurez fait décidera mon sort;
Vous me rapporterez ou la vie ou la mort.
(Elles sortent.)

SCÈNE V

M. D'OLBAN, ANDRÉ.

D'OLBAN.
Approche, mon ami. L'on dit qu'à La Rochelle
De madame d'Orfeuil tu fus jadis l'amant?

Je suis instruit de tout.
ANDRÉ.
Est-ce ainsi que s'appelle
Celui qui de Cécile est le mari?
D'OLBAN.
Comment!
Ignorais-tu son nom?
ANDRÉ.
Oui, j'ai su seulement
Qu'avec un homme riche elle s'était unie;
C'est tout ce que j'appris en quittant ma patrie.
Est-elle heureuse au moins? l'est-elle? et son époux
Connaît-il bien le prix du trésor qu'il possède?
D'OLBAN.
Son époux ne vit plus.
ANDRÉ, vivement.
Il est mort, dites-vous?
D'OLBAN.
Et dans de très-grands biens Cécile lui succède;
Il l'a faite héritière.
ANDRÉ.
O ciel! qu'ai-je entendu!
De ce fatal hymen le nœud serait rompu!
Cécile est libre!... Hélas! malheureux, que t'importe?
Quel délire insensé t'agite et te transporte?
Oubliras-tu toujours ton état?
D'OLBAN.
Mon ami,
Tu le peux oublier si tu n'en es pas digne.
Du crime cependant tes chaînes sont le signe,
Et c'est par les forfaits que l'on arrive ici.
Quelle autre voie eût pu t'y conduire?
ANDRÉ.
Les hommes
Sont-ils justes toujours?
D'OLBAN.
Toujours? Non, sur ma foi;
Et rien n'est moins commun dans le temps où nous sommes.
ANDRÉ.
Eh bien?
D'OLBAN.
En serais-tu victime, ainsi que moi?
ANDRÉ.
Je suis innocent.
D'OLBAN.
Va, sans peine je le croi;
Et, si tu me dis vrai, tu ne m'étonnes guères.
Puisque tant de fripons évitent les galères,
A leur place, il faut bien... Mais revenons à toi.
Nous sommes donc tous deux compagnons d'infortune?
Je viens d'avoir un sort presque pareil au tien,
Et contre les méchants notre cause est commune.
Achève de m'instruire, et ne me cache rien;
Apprends-moi quel sujet...
ANDRÉ.
Monsieur, je dois le taire,
Et je mériterais en effet mon malheur,
Si je vous en osais dévoiler le mystère.
C'est un secret trop saint; il mourra dans mon cœur.
Ne le demandez plus : déjà tantôt Cécile
A fait pour l'arracher un effort inutile;
Jugez après cela si vous réussirez.
Ah! vous ne savez pas, jamais vous ne saurez
A quel point j'adorai cette femme accomplie,
Combien je l'aime encor! j'aurais donné ma vie,
Pour qu'il me fût permis de contenter ses vœux,
Et d'arrêter les pleurs qui coulaient de ses yeux!
D'OLBAN.
Écoute, je te vais causer de la surprise;
Mais le seul est témoin de ma sincérité.
Je suis vrai, tu te peux fixer à ma franchise.
Ne crois point que ce soit par curiosité
Que je te presse ainsi : ma vue est différente.
Sache enfin mes motifs : j'aime aussi ton amante.
ANDRÉ.
Vous l'aimez?
D'OLBAN.
Et j'allais devenir son mari...
ANDRÉ.
Cécile!
D'OLBAN.
A m'épouser elle avait consenti...
ANDRÉ.
J'étais donc oublié?

D'OLBAN.

Lorsque la destinée
T'a fait trouver ici pour rompre un hyménée
Dont, au fond de son cœur, Cécile gémissait,
Ce n'est que mon malheur qui la déterminait
A me donner la main.

ANDRÉ, avec enthousiasme.

Ah ! voilà bien son âme !
C'est ainsi qu'elle pense, et je la reconnais ;

D'OLBAN.

Elle m'avait caché ses sentiments secrets ;
Mais, dès que j'ai connu sa douleur et sa flamme,
J'ai renoncé moi-même à former des liens
Qui, terminant mes maux, auraient comblé les siens.
Je veux, si tu n'y mets un obstacle invincible,
Vous rendre heureux tous deux.

ANDRÉ.

O ciel ! est-il possible ?
Moi, monsieur, je serais...?

D'OLBAN.

Tu tiens entre tes mains
Le sort de ton amante et tes propres destins.
S'il est vrai que tu sois encore digne d'elle,
A la vertu toujours si tu restas fidèle,
Explique tes malheurs, dis qui les a causés,
Parle, l'autel t'attend, et tes fers sont brisés.

ANDRÉ, avec transport.

C'en est trop. Eh bien , non, je ne suis point coupable ;
Apprenez tout. Ces fers n'ont rien que d'honorable ;
Ces fers, qui devant vous paraissent m'avilir,
La vertu les avoue ; et, loin de me flétrir,
Ce sont... Ah ! malheureux, tremble ! que vas-tu faire ?
Grand Dieu ! qu'allais-je dire ?... O mon père ! mon père !

D'OLBAN.

Achève. Qui t'arrête ? et pourquoi te troubler ?
Quel est donc ce secret ? Hâte-toi de parler.

ANDRÉ, marchant d'un air égaré.

Je ne me connais plus... Cécile !... chère amante !...
Mon père !... je frémis : mon trouble m'épouvante.
Le penchant, le devoir, la nature, l'amour
Combattent mon esprit, l'entraînent tour à tour.

D'OLBAN.

Je ne t'abuse point par un espoir frivole.

ANDRÉ.

Ah ! qui l'emportera ? Juste ciel ! quel parti... ?
Je voudrais...

D'OLBAN.

Eh bien , quoi ?

ANDRÉ.

Me voir anéanti.

D'OLBAN.

Mais, je te l'ai promis, compte sur ma parole.
Un mot va te tirer de cet état d'horreur ;
Pour te faire passer au comble du bonheur :

ANDRÉ, avec abattement.

Non, non, je n'en dois plus attendre sur la terre.
Tant de félicité n'est pas faite pour moi ;
Et du sort qui m'opprime il faut subir la loi.
Le ciel veut qu'un tombeau l'emporte ma misère.
A quelle épreuve, hélas ! met-on ce triste cœur !
Mais, quoi ! je pourrais être à celle que j'adore ?
Je pourrais... ? Loin de moi cet espoir séducteur.
Ah ! j'allais succomber, et j'en rougis encore.

(A d'Olban.)

Monsieur, votre bonté redouble mon tourment ;
Elle a mis ma vertu dans un péril bien grand !
Je fuis ; de mon amour je crains la violence.
Daignez tous désormais m'épargner ces combats :
De grâce, laissez-moi du moins mon innocence,
Le seul bien qui me reste, et le seul dont, hélas !
Il m'est encor permis de jouir ici-bas.

(Il s'en va.)

SCÈNE VI

M. D'OLBAN, seul.

Cet homme est innocent ; l'on ne peut s'y méprendre.
Il a l'âme élevée autant que le cœur tendre ;
Sa conscience est pure ; et, je n'en doute pas,
Il n'est qu'infortuné.

(Il se promène en rêvant sur le devant du théâtre.)

SCÈNE VII

M. D'OLBAN, LISIMON.

LISIMON, dans le fond.

Voici donc le rivage
Où mon fils est venu languir dans l'esclavage !
Votre bras, ô mon Dieu ! l'aura-t-il soutenu
Au milieu des horreurs d'un destin si funeste ?
Le reverrai-je ? ou bien, dans le séjour céleste,
Lui payez-vous déjà le prix de sa vertu ?

D'OLBAN, sur le devant, de la scène.

Ce silence pourtant... ce silence m'étonne.
A quoi l'attribuer ? Quels motifs si puissants... ?

LISIMON, s'avançant un peu.

Comment m'y prendre ? ici, je ne connais personne.
Qui daignera vers lui guider mes pas tremblants ?

D'OLBAN, à lui-même.

Sûrement ce n'est pas le remords ni la honte
Qui le force au silence : il le garde à regret ;
Et son père est, je crois, mêlé dans ce secret.
Mais Cécile m'attend, allons lui rendre compte.
Que je la plains !

LISIMON, l'abordant.

Je suis étranger dans ces lieux ;
Monsieur, ayez pitié d'un vieillard malheureux.
C'est la nature, hélas ! c'est l'amour paternelle
Qui m'arrache au tombeau d'une épouse fidèle,
Et me fait de bien loin, par un dernier effort,
Malgré le poids des ans, chercher ce triste bord.
J'y viens d'un devoir saint remplir les lois sévères,
Mais ce devoir m'est cher. J'ai mon fils aux galères :
Je viens avec transport reprendre en ces moments
Des fers qu'il n'a pour moi portés que trop longtemps.

D'OLBAN.

A ta place, dis-tu, pour soulager tes peines,
Ses généreuses mains... ?

LISIMON.

Ses mains qui pris mes chaînes,
Et, pour l'en dégager, j'arrive maintenant :
Si j'arrive assez tôt, je mourrai trop content.

D'OLBAN.

Et le nom de ce fils ?

LISIMON.

C'est André qu'il s'appelle.

D'OLBAN.

André ?

LISIMON.

M'en pourriez-vous donner quelque nouvelle ?
Serait-il par hasard connu de vous ici ?

D'OLBAN, avec transport.

André ! lui, c'est ton fils ? c'est ta chaîne qu'il porte ?
Oui, oui, je le connais... Tout cela se rapporte ;
J'avais bien pressenti... Que mon cœur est ravi !
Allons, courons vers elle. Ah ! qu'elle aura de joie !...
Mais, non, il faut avant que je sois éclairci.
Viens, suis-moi, bon vieillard ! c'est le ciel qui t'envoie ;
Viens, tu m'apprendras tout ; tu t'es bien adressé ;
Et je te servirai, j'y suis intéressé.
Quoi que le sort m'ait fait et me garde d'outrage,
Si leur félicité peut être mon ouvrage,
L'existence m'est chère, et j'en rends grâce aux cieux !
Il n'est point de malheur pour qui fait des heureux.

ACTE CINQUIÈME

SCÈNE PREMIÈRE

M. D'OLBAN, LE COMTE, LISIMON.

D'OLBAN, au comte.

Vous ne me croiriez pas, et vous auriez raison ;
Je ferais comme vous. Une telle action
Est trop belle aujourd'hui pour être vraisemblable ;
Mais, tenez, le voilà ce vieillard respectable ;
Il le faut écouter lui-même.

LISIMON.

C'est toujours
Avec ravissement que ma bouche répète
L'histoire des malheurs répandus sur mes jours.

Tout horribles qu'ils sont, mon âme satisfaite
Trouve à les raconter une douceur secrète :
C'est faire en même temps l'éloge du mon fils,
Parler de ses vertus, dignes d'un autre prix,
De ce que je lui dois rappeler la mémoire,
Et m'honorer moi-même en publiant sa gloire.
(Au comte.)
Peut-être que déjà d'André vous l'aurez su,
A sa conduite au moins on l'aura reconnu,
Et je l'avoue aussi, nous sommes l'un et l'autre
D'une religion que réprouve la vôtre.
Ne peut-on se tromper sans être criminel?
Vertueux et soumis, si dans l'erreur nous sommes,
Nous osons espérer en la bonté du ciel,
Et croyons mériter l'indulgence des hommes.
La Rochelle longtemps nous avait dans son sein
Vu jouir d'un obscur et tranquille destin,
Quand, suivi de mon fils et de sa triste mère,
J'allai remplir vers Nîme un secret ministère.
J'y croyais vivre encor dans un repos heureux;
Mais Dieu, qui jusqu'alors daignant m'être propice,
M'avait environné d'une ombre protectrice ;
Dieu laissa découvrir mes travaux dangereux,
Et l'on me condamna pour toujours aux galères.

LE COMTE, à d'Olban.

Il avait tort. Tu sais les défenses sévères...

LISIMON.

On me traînait déjà vers ce séjour affreux;
J'y marchais, en poussant des sanglots douloureux.
Voici que tout à coup je vois sur mon passage
Mon fils, mon cher André précipiter ses pas.
La nature éperdue animait son courage;
Pâle et tremblant, les pleurs inondaient son visage;
Il jette un cri, s'élance et me serre en ses bras.
« Arrêtez, me dit-il; non, non! vous n'irez pas;
Courez vers votre épouse, hélas! elle est mourante;
Courez rendre la vie à ma mère expirante,
Et fuyez avec elle au milieu des déserts.
Vous êtes libre, allez, je viens prendre vos fers. »
Étonné, confondu, je respirais à peine;
Je ne pouvais parler. Mon fils au même instant
Tombe aux pieds de celui qui conduisait la chaîne,
Le presse, le conjure, enfin l'attendrissant,
Par ses pleurs, par ses cris, obtient qu'en esclavage
Il soit, au lieu de moi, conduit sur ce rivage.

D'OLBAN, au comte.

Eh bien, qu'en penses-tu, mon cher? Tu ne dis rien?

LE COMTE.

Ah! je suis pénétré.

D'OLBAN.

Vraiment, je le crois bien.

LISIMON.

Transporté d'obtenir cette funeste grâce,
Fier de m'ôter mes fers, André prit donc ma place ;
Et moi, je l'avouerai, moins généreux que lui,
Je souffris, en pleurant, cet échange inouï;
Je cédai, dans l'espoir que peut-être à la vie
Je pourrais rappeler une épouse chérie.
Ma présence en effet, mon amour, mes secours
L'empêchèrent alors de terminer ses jours :
Mais elle en a passé le reste dans les larmes,
Au sein de l'indigence et parmi les alarmes.
Sans cesse nous pleurions notre malheureux fils.
Je voulais quelquefois, du milieu des Cévènes,
La quitter pour venir reprendre ici mes chaînes;
Elle me retenait, en redoublant ses cris.
Enfin, le mois dernier, ses forces s'épuisèrent,
En me nommant son fils, je la vis expirer ;
Et seul, sans nul secours, réduit à l'enterrer,
Je lui creusai sa fosse, et mes mains l'y placèrent.
Hélas! en m'acquittant de ce lugubre emploi,
J'aurais dans le tombeau désiré de me suivre;
Mais un autre devoir aussi sacré pour moi
Me restait à remplir et m'ordonnait de vivre.
A ma place, en ces lieux, mon cher fils gémissait,
Ma mort dans l'esclavage à jamais le laissait;
Et j'ai voulu du moins terminer sa misère,
Avant d'aller enfin me rejoindre à sa mère.

LE COMTE, à d'Olban.

Nous en savons assez.

D'OLBAN.

Oui, c'est à vous d'agir.

LE COMTE.

Comment?

D'OLBAN.

N'êtes-vous pas l'ami des commissaires?

LE COMTE.

J'entends; oui, je le suis. A des preuves si claires
S'ils résistaient, ma voix peut du moins les fléchir;
Ils voudront m'obliger.

D'OLBAN.

Tu te moques, je pense.

T'obliger? Ce sont eux, je le dis hautement,
Qui te devront ici de la reconnaissance.
C'est rendre à l'homme en place un service important
Que d'éclairer ses yeux sur le bien qu'il peut faire.

LISIMON, regardant la galère.

Sans doute la voilà, cette triste galère?.
(A d'Olban.)
Ne tardons plus, monsieur; menez-moi vers mon fils;
Que j'aille...

D'OLBAN.

Il n'est pas temps.

LISIMON.

Ah! vous m'avez promis...

D'OLBAN.

Je te promets encor ; mais fais ce que j'exige.
Tu le verras bientôt; j'ai mes raisons, te dis-je.
(Au comte.)
Nous allons de vos soins attendre le succès.

(Il sort et emmène Lisimon.)

SCÈNE II

LE COMTE, seul.

J'espère qu'il sera conforme à mes souhaits.
Il faut m'en assurer. A ses douleurs en proie,
Cécile en ce moment est digne de pitié;
Mais ne hasardons point, par une fausse joie,
De lui rendre cruels les soins de l'amitié.

(Il veut sortir et est rencontré par Cécile, qui entre avec Amélie.)

SCÈNE III

LE COMTE, CÉCILE, AMÉLIE.

CÉCILE, au comte.

Monsieur, envoyez-moi ce malheureux ; qu'il vienne :
Je veux encor le voir.

LE COMTE.

Je vais vous obéir.

AMÉLIE.

O Dieu! dans ses douleurs daigne la secourir!

LE COMTE, vivement à Amélie.

Madame, il le fera; que l'espoir vous soutienne.
Je ne m'explique point. Adieu, consolez-la;
Peut-être que bientôt son malheur finira.

(Il s'en va.)

SCÈNE IV

CÉCILE, AMÉLIE.

(Cécile, plongée dans une profonde rêverie, ne semble faire aucune attention
ce que dit le comte ; et Amélie, au contraire, en est transportée.)

AMÉLIE.

Ah ! madame, écoutez ce fortuné présage.
Ce n'est pas sans sujet qu'il nous tient ce langage;
Non : ils ont découvert quelque chose d'heureux,
Une secrète joie éclatait dans ses yeux...
Vous ne m'écoutez point ! Immobile et glacée,
Sous le poids des douleurs vous semblez affaissée!
Le comte me l'a dit, vos malheurs vont finir.

CÉCILE, d'une voix faible et sans changer d'attitude.

Oui, sans doute... au tombeau.

AMÉLIE.

Vous me faites frémir!

CÉCILE.

Je le sens, oui, je touche à la fin de ma vie.

AMÉLIE, lui prenant tendrement la main.

Cruelle, songez-vous que c'est à votre amie,
A votre amie, à moi que vous parlez ainsi?
Vous ne m'aimez donc plus ?

CÉCILE.

O ma chère Amélie!

Pardonne au désespoir : c'est lui qui parle ici.
Sous l'excès de mes maux il faut que je succombe;
La mort va les finir, je dois la souhaiter,
Et pourtant je me trouble à l'aspect de ma tombe;
Je ne puis sans terreur songer à te quitter;
Car je n'ai que toi seule à regretter au monde.
Ah! du moins, en mourant, je ne te laisse pas
Dans un triste abandon, sans secours ici-bas.
J'avais déjà tantôt, en ma douleur profonde,
De d'Olban en secret assuré le destin;
Mais depuis que je crois approcher de ma fin,
J'ai disposé de tout, et de mon héritage
Je viens entre vous deux d'ordonner le partage.

(Ici, Amélie fond en larmes.)

Tu pleures; je ne puis te blâmer de pleurer,
Tu n'as pas tort : tu perds une bien bonne amie,

(La pressant tendrement contre son sein.)

Et dont tu fus toujours bien tendrement chérie.
Tu ne l'oublieras pas, j'ose m'en assurer.

AMÉLIE, avec un transport de douleur.)

Vous déchirez mon cœur!

CÉCILE.
Écoute une prière
Qui t'est de ma tendresse une preuve dernière.
Tiens ma place, prends soin de cet infortuné;
Je te le recommande. Hélas! quoiqu'il soit né

(Apercevant André.)

Pour être... Dieu! c'est lui! Défaillante, éperdue,
Ah! je sens que je vais expirer à sa vue!

SCÈNE V

CÉCILE, AMÉLIE, ANDRÉ.

(Amélie pleure amèrement; André s'avance à pas lents; Cécile baisse les yeux
à son approche et demeure quelque temps sans parler.)

CÉCILE, à André.
Ne pense pas qu'ici, par un nouvel effort,
Je cherche à t'arracher le secret de ton sort :
Je sais trop que sur toi je n'ai plus de puissance.
Garde, garde à jamais ton barbare silence;
Tu le veux, j'y consens. Près du terme fatal,
Sur le bord du cercueil tout devient presque égal.
Cependant je n'ai pu me refuser encore,
Pour la dernière fois... dirai-je le plaisir
Ou l'horreur! de te voir avant que de mourir.
Ah! tout me dit en vain qu'il faut que je t'abhorre :
Tu fais tous mes malheurs, tu m'arraches le jour,
Et tu ne peux, cruel, m'arracher mon amour.
Mon trépas rend enfin cet aveu pardonnable;
Il l'expiera du moins : innocent ou coupable,

(A Amélie.)

Je meurs en t'adorant. Puissé-je... Soutiens-moi.

AMÉLIE, la soutenant et tout effrayée.

Cécile!

CÉCILE, se laissant aller dans ses bras.
Je succombe.

ANDRÉ, avec saisissement.
Ah! qu'est-ce que je vois?

AMÉLIE, à André.
Ton ouvrage, barbare! il faut bien qu'elle meure.
Regarde-la.

CÉCILE, à moitié évanouie dans les bras d'Amélie.
Mon Dieu, hâte ma dernière heure!
Abrège mes douleurs!

ANDRÉ, courant à Cécile, prenant avec transport une de ses mains et la
collant à sa bouche.
Non, vivez pour m'aimer!
Ma Cécile, vivez! vivez pour m'estimer!
J'en suis digne toujours. Voyez-moi...

CÉCILE, le regardant languissamment, sans retirer la main qu'il presse
toujours contre ses lèvres.
Que je vive?
Ah! tu ne le veux pas!

ANDRÉ.
O ciel! tu m'y réduis!
Je n'y résiste plus, et, quoi qu'il en arrive,
Il faut parler.

CÉCILE.
Ingrat! nous qui n'avions jadis
Que les mêmes plaisirs et que les mêmes peines!

ANDRÉ.
Eh bien, vous l'emportez! C'en est fait, je me rends;

Vous allez tout savoir.

CÉCILE, cessant de s'appuyer sur Amélie et semblant reprendre des
forces à ces mots.
Tu ranimes mes sens ;
Mais ne me donne pas des espérances vaines.
Mon ami, tes secrets, ne le sais-tu pas bien?
En entrant dans mon cœur, ne sortent pas du tien.
Poursuis donc : que crains-tu? Parle, je t'en conjure
Par tout ce qu'ont de saint l'amour et la nature,
Par ce feu dont toujours je brûle malgré moi,
Par mes pleurs, qui jamais n'ont coulé que pour toi!

ANDRÉ.
Ils ne tariront pas. Non, femme infortunée,
A des larmes de sang vous êtes condamnée :
Vous pleurerez bien plus dès que j'aurai parlé,
Quand ce secret fatal vous sera révélé.
Quelle épreuve, grand Dieu! pour le cœur d'une amante!
Ah! Cécile, tremblez! songez bien que vos yeux
Vont me voir innocent... peut-être vertueux,
Et condamné pourtant à l'horreur accablante
De vivre et de mourir en ces indignes lieux.
Vous m'en pourrez tirer en rompant le silence;
Mais, si vous l'osez faire, à vos pieds à l'instant
Je punirai sur moi ma coupable imprudence,
Et mon sang...

CÉCILE.
Je frémis; tout mon corps est tremblant...
Achève, ou je me meurs.

ANDRÉ.
Eh bien donc, c'est mon père,
Qui jusqu'à ce moment m'a contraint à me taire;
C'est lui, s'il vit encore...

SCÈNE VI

CÉCILE, AMÉLIE, ANDRÉ, LISIMON, M. D'OLBAN, LE COMTE.

LISIMON, s'élançant dans les bras de son fils.
Oui, ton père est vivant.
Mon cher fils... Mais il va mourir en t'embrassant.

ANDRÉ.
Mon père !

CÉCILE.
Lisimon !

ANDRÉ.
O ciel! par quelle grâce !

CÉCILE, sautant au cou de Lisimon.
Voyez votre Cécile.

LISIMON, l'embrassant.
Et toi, ma fille, aussi?

CÉCILE, avec vivacité.
Il est donc innocent?

ANDRÉ.
Que mon cœur est saisi!
Ah! mon père, est-ce vous, est-ce vous que j'embrasse?
Je ne suis plus à plaindre. A présent, votre fils
De ce qu'il a souffert reçoit un digne prix.

CÉCILE.
C'est lui! c'est Lisimon ! ô rencontre imprévue!

(Elle prend une des mains du vieillard, et la baise avec des transports de
tendresse.)

Jamais à ce bonheur me serais-je attendue?
Mon respectable ami! mon père!

LISIMON, entre André et Cécile, et leur rendant tour à tour leurs caresses.
Mes enfants!
Je crois que je mourrai dans vos embrassements.
Ah! mon cœur oppressé ne bat plus qu'avec peine.

(Il s'appuie sur André.)

CÉCILE.
Grâce au ciel, maintenant j'en suis enfin certaine,
André n'est pas coupable. Oh! non, il ne l'est pas,
Je n'en peux plus douter, puisqu'il est dans vos bras.
C'est en vain que ses fers...

LISIMON, avec enthousiasme.
Respectez-les, ma fille.
L'or qui couvre le grand, et dont l'opulent brille,
Leur donne moins d'éclat que ces fers glorieux
N'en répandent ici sur ce fils généreux.
Ils sont de sa vertu le libre et cher partage,
L'honneur de la nature, et l'effort du courage.

ANDRÉ, d'un air effrayé.
Ah! de grâce, arrêtez.

CÉCILE, à Lisimon.

Quoi ! ses fers?...

LISIMON,

Sont les miens.

Il se chargea pour moi de ces honteux liens ;
Mais je viens les reprendre.

CÉCILE, levant les bras avec un transport de joie qui la met toute
hors d'elle-même.

Ah ! d'Olban ! Amélie !

(Au comte.)

Monsieur, entendez-vous ? Entends-tu, mon amie ?

ANDRÉ, à son père.

Ne perdez point de temps, et fuyez de ces lieux ;
Fuyez, vous dis-je ! allez, retournez vers ma mère.

LISIMON.

Hélas ! elle n'est plus.

ANDRÉ.

Qu'entends-je, justes cieux !

Ma mère...?

CÉCILE, avec saisissement.

Elle est morte ! elle à qui je fus si chère !

LISIMON, à son fils.

Ce n'était, tu le sais, que pour la secourir
Qu'à te céder mes fers j'avais pu consentir,
Mais, dès qu'elle a fini sa pénible carrière,
Privé du nom d'époux, je ne suis plus que père.
Quitte envers elle, il faut m'acquitter envers toi,
Et j'aurai satisfait à tout ce que je dois.

(Il se tourne vers le comte et va se jeter à ses pieds.)

C'est de vous que dépend la grâce que j'espère,
Je l'implore à vos pieds.

ANDRÉ, se précipitant aussi aux genoux du comte.

Ne le croyez pas, non.

LISIMON.

Monsieur, ayez pitié de mon affliction ;
Entendez les sanglots d'un vieillard déplorable ;
Regardez ces cheveux blanchis dans les douleurs,
Ce front ridé, flétri ; voyez couler mes pleurs,
Et ne les voyez pas d'un œil impitoyable !
Ah ! rendez-moi mes fers !

ANDRÉ.

Monsieur, je vous l'ai dit,
C'est l'amour paternel, hélas ! qui le conduit,
Qui le porte à venir, pour un enfant qu'il aime,
S'offrir à l'infortune et s'accuser lui-même.
Mais ces fers sont à moi, le fardeau m'en est doux.

(Se tournant vers son père, les mains jointes.)

Et vous, de grâce encor, mon père, éloignez-vous.
Souffrez...

LISIMON, embrassant de nouveau les genoux du comte.

(A André.)

Jamais.

(Au comte.)

Monsieur, que ma douleur vous touche !
La pure vérité vous parle par ma bouche.
Ah ! tant d'autres ici pleurent à vos genoux
Pour sortir d'esclavage, et voir finir leurs peines !

Moi, j'embrasse vos pieds pour obtenir des chaînes.

CÉCILE, se renversant dans les bras d'Amélie.

Mon cœur se brise.

D'OLBAN.

O Dieu ! vois ces nobles combats,
Baisse un moment ici tes regards sur la terre !
Ce spectacle en est digne.

LE COMTE, les relevant et les embrassant.

O vrai fils d'un tel père !
Bon vieillard, mes amis, venez tous dans mes bras.
Ah ! que vos cœurs sont grands, sont au-dessus des nôtres !
Vous étiez à mes pieds, c'est à moi d'être aux vôtres,
Mais, encore un moment, à nos yeux j'ai voulu
Vous laisser déployer toute votre vertu :
Elle honore la terre ; et votre délivrance
Doit de tant d'héroïsme être la récompense.
Aussi j'en viens pour vous d'obtenir la faveur,
Sûr qu'elle aura l'aveu d'un roi dont la clémence
De la loi, quand il faut, tempère la rigueur.
Il prise la vertu, quelque part qu'elle brille ;
Et, demandant au ciel d'éclairer vos esprits,
Il vous traite en enfants égarés mais chéris,
Qu'il se plaît à compter toujours dans sa famille.

LISIMON.

Ah ! pour l'aimer aussi nos cœurs, vraiment français,
Bénissent son empire avec tous ses sujets.
Oui, si sur quelques points, où nous errons peut-être,
Une fausse raison nous sépara de vous,
Servir notre patrie, adorer notre maître,
Sont des sentiments saints qui nous rejoignent tous.

CÉCILE.

O jour ! jour fortuné ! Quel retour favorable !
L'aurions-nous pu prévoir ?

D'OLBAN, prenant André par la main, et le présentant à Cécile avec
qui il l'unit.

Cécile, c'est ma main
Qui vous doit présenter cet amant respectable :
Il est digne de vous, soyez unis enfin.

(A André.)

André, reçois de moi cet femme adorable.
Quoiqu'on ne puisse trop admirer tes vertus,
Le prix qui les couronne est peut-être au-dessus.

ANDRÉ, voulant se jeter aux pieds de d'Olban, qui l'en empêche.

Moi, monsieur, son époux ?

CÉCILE, se penchant sur le bras de d'Olban avec un transport de
reconnaissance.

Ah ! vous serez mon frère.
Soyez de la famille, et ne nous quittons plus.

(A Lisimon.)

Bénissez vos enfants.

LISIMON, bénissant André et Cécile.

Puisse un hymen prospère
Vous faire aimer toujours le tendre nom d'époux !
Puissiez-vous, comme moi, dans des moments si doux,
Remercier le ciel du bonheur d'être père !

FIN

LIBRAIRIE MICHEL LÉVY FRÈRES, rue Vivienne, 2 bis, et bould des Italiens, 15, A LA LIBRAIR

ŒUVRES COMPLÈTES DE H. DE BALZAC, NOUVELLE ÉDITION COMPLÈTE EN 45 VOLUME

à 1 franc 25 centimes le volume. — Chaque volume se vend séparément.

LA COMÉDIE HUMAINE

SCÈNES DE LA VIE PRIVÉE

TOME 1. — La Maison du chat qui pelotte. Le bal de Sceaux. La Bourse. La Vendetta. Madame Firmiani. Une double Famille.

TOME 2. — La Paix du Ménage. La fausse Maîtresse. Étude de Femme. Autre Étude de Femme. La grande Bretèche. Albert Savarus.

TOME 3. — Les Mémoires de deux jeunes Mariées. Une Fille d'Ève.

TOME 4. — La Femme de trente ans. La Femme abandonnée. La Grenadière. Le Message. Gobseck.

TOME 5. — Le Contrat de Mariage. Un Début dans la Vie.

TOME 6. — Modeste Mignon.

TOME 7. — Béatrix.

TOME 8. — Honorine. Le colonel Chabert. La Messe de l'Athée. L'interdiction. Pierre Grassou.

SCÈNES DE LA VIE DE PROVINCE

TOME 9. Ursule Mirouet.

TOME 10. Eugénie Grandet.

TOME 11. — Les Célibataires I. Pierrette. Le Curé de Tours.

TOME 12. — Les Célibataires II. Un Ménage de Garçon.

TOME 13. — Les Parisiens en Province. L'illustre Gaudissart. La Muse du département.

TOME 14. — Les Rivalités. La Vieille Fille. Le Cabinet des Antiques.

TOME 15. — Le Lys dans la vallée.

TOME 16. — Illusions perdues I. Les deux Poëtes. Un grand Homme de province à Paris (première partie).

TOME 17. — Illusions perdues II. Un grand Homme de province (2e partie). Ève et David.

SCÈNES DE LA VIE PARISIENNE

TOME 18. — Splendeurs et Misères des courtisanes. Esther heureuse. A combien l'amour revient aux Vieillards. Où mènent les mauvais chemins.

TOME 19. — La Dernière Incarnation de Vautrin. Un Prince de la Bohême. Un Homme d'affaires. Gaudissart II. Les Comédiens sans le savoir.

TOME 20. — Histoire des Treize. Ferragus. La duchesse de Langeais. La Fille aux yeux d'or.

TOME 21. — Le Père Goriot.

TOME 22. — César Birotteau.

TOME 23. — La Maison Nucingen. Les Secrets de la princesse de Cadignan. Les Employés. Sarrasine. Facino Cane.

TOME 24. — Les Parents pauvres, I. La Cousine Bette.

TOME 25. — Les Parents pauvres, II. Le Cousin Pons.

SCÈNES DE LA VIE POLITIQUE

TOME 26. — Une Ténébreuse affaire. Un Épisode sous la Terreur.

TOME 27. — L'Envers de l'Histoire contemporaine. Madame de la Chanterie. L'Initié. Z. Marcas.

TOME 28. — Le Député d'Arcis.

SCÈNES DE LA VIE MILITAIRE

TOME 29. — Les Chouans. Une Passion dans le Désert.

SCÈNES DE LA VIE DE CAMPAGNE

TOME 30. — Le Médecin de campagne.

TOME 31. — Le Curé de village.

TOME 32. — Les Paysans.

ÉTUDES PHILOSOPHIQUES

TOME 33. — La Peau de chagrin.

TOME 34. — La Recherche de l'absolu. Jésus-Christ en Flandre. Melmoth réconcilié. Le Chef-d'œuvre inconnu.

TOME 35. — L'Enfant maudit. Gambara. Massimilla Doni.

TOME 36. — Les Marana. Adieu. Le Réquisitionnaire. El Verdugo. Un Drame au bord de la mer. L'Auberge rouge. L'Elixir de longue vie. Maître Cornélius.

TOME 37. — Sur Catherine de Médicis. Le Martyr calviniste. La Confidence des Ruggieri. Les deux Rêves.

TOME 38. — Louis Lambert. Les Proscrits. Seraphita.

ÉTUDES ANALYTIQUES

TOME 39. — Physiologie du mariage.

TOME 40. — Petites Misères de la vie conjugale.

CONTES DROLATIQUES

TOME 41. *Premier dixain.* — La belle Impéria. Le Péché véniel. La mye du roy. L'Héritier du diable. Les Joyeulsetés du roy Loys le unzième. La Connestable. La pucelle de Thilouse. Le Frère d'armes. Le Curé d'Azay-le-Rideau. L'Apostrophe.

TOME 42. *Deuxième dixain.* — Les Trois Clercs de Sainct-Nicolas. Le Jeusne Françoys premier. Les Bons proupos des religieuses de Poissy. Comment feut basty le Chasteau d'Azay. La Faulse Courtisane. Le dangier d'estre trop coquebin. La chière nuictée d'amour. Le prosne du joyeulx curé de Meudon. [illegible] Désespérance d'amour.

TOME 43. *Troisiè[me dixain.]* — Persévérance d'amour. [illegible] iusticiard qui ne se [illegible] broyt les chouses. [illegible] moyne Amador, qui fut [un] glorieux abbé de Turpe[nay]. Berthe la repentie. Comm[ent] la belle fille de Portillon q[uinaulda] son iuge. Cy est [d]emoustré que la fortune est touiours femelle. D'ung paouvre qui avoyt nom le vieulx par-chemins. Dires incongrus de trois pèlerins. Naïveté. La belle Impéria mariée.

THÉATRE

TOME 44. — Vautrin, drame en 5 actes. Les Ressources de Quinola, comédie en 5 actes et un prologue. Paméla Giraud, pièce en 5 actes.

TOME 45. — La Marâtre, drame intime en 5 actes et 8 tableaux. Le Faiseur (Mercadet), comédie en 5 actes (entièrement conforme au manuscrit de l'auteur.)

PUBLICATIONS IN-4°, A 10 CENTIMES LA LIVRAISON

MUSÉE LITTÉRAIRE DU SIÈCLE ET MUSÉE CONTEMPORAIN

ROGER DE BEAUVOIR

Le Chev. de St-Georges. » 90
Le Chevalier de Charny. » 90

H. DE BERNARD

Un Acte de vertu. » 50
La Peine du Talion » 50
L'Anneau d'argent. » 50
Une Avent. de Magistrat. » 30
La Cinquantaine. » 50
La Femme de 40 ans. » 90
Le Gendre. » 50
L'Innocence d'un Forçat » 30
La Peine du talion » 30
Le Persécuteur » 30

CHAMPFLEURY

Grands hom. du ruisseau » 60

LA COMTESSE DASH

Les Galanteries de la cour de Louis XV... 3 »
La Régence. » 90
La Jeunesse de Louis XV. » 90
Les Maîtresses du roi. » 90
Le Parc aux cerfs. » 90

ALEXANDRE DUMAS

Acté. » 90
Amaury. » 90
Ange Pitou. 1 80
Ascanio. 1 50
Le Bâtard de Mauléon. 2 »
Le Capitaine Paul. » 70
Le Capitaine Richard. » 90
Causeries. - Les 3 Dames. 1 30
Cécile. » 90
Césarine. » 50
Charles le Téméraire. 1 30
Le Château d'Eppstein. 1 50
Chevalier d'Harmental. 1 50
Chev. de Maison-Rouge. 1 50
Le Collier de la reine. 2 50
La Colombe. — Murat. » 50
Les Compagnons de Jéhu. 1 80
Comte de Monte-Cristo. 4 »
La Comtesse de Charny. 4 50
La Comtesse de Salisbury 1 50
Conscience l'Innocent. 1 30
La Dame de Monsoreau. 2 50
Les Deux Diane. 2 20
Dieu dispose. 1 80
Les Drames de la Mer. » 70
Fem. au coll. de velours » 70
Une Fille du Régent. » 90
Les Frères corses. » 60
Gabriel Lambert. » 90
Gaule et France. » 90
Georges. » 90
Un Gil Blas en Californie. » 70
La Guerre des Femmes. 1 65
L'Horoscope. » 90

Impressions de voyage.

Une Année à Florence. » 90
L'Arabie heureuse. 2 10
Les Bords du Rhin. 1 30
Le Capitaine Aréna. » 90
Le Corricolo. 1 65
De Paris à Cadix. 1 65
En Suisse. 2 20
Le Midi de la France 1 30
Quinze Jours au Sinaï. » 90
Le Spéronare. 1 50
Le Véloce. 1 65
La Vie au Désert. 1 30
La Villa Palmieri. » 90
Ingénue. 1 80
Jehanne la pucelle. » 90
John Davys. 1 80
Les Louves de Machecoul 2 50
La Maison de Glace. 1 50
Le Maître d'armes. » 90
Mariages du père Olifus » 70
Les Médicis » 70
Mém. de Garibaldi (Comp.) 1 30
1re série. (Séparément) » 70
2e série. (—) » 70
Mém. d'un Méd. (Balsamo) 4 »
Les Mille et un Fantômes » 70
Les Mohicans de Paris. 3 60
Les Morts vont vite. 1 50
Nouvelles. » 50
Olympe de Clèves. 2 60
Pauline. » 50
Le Père Gigogne. 1 50
Le Père la ruine. » 90
Les Quarante-Cinq. 2 50
La Reine Margot. 1 65
La Route de Varennes. » 70
El Salteador. » 70
Salvator. 4 »
Souvenirs d'Antony » 90
Sylvandire. » 90
Le Test. de M. Chauvelin » 70
Les Trois Mousquetaires 1 65
Le Trou de l'Enfer. » 90
Le Vte de Bragelonne. 4 75
Une Vie d'Artiste » 70
Vingt Ans après 2 20

ALEX. DUMAS FILS

Césarine. » 50
Le Prix de Pigeons. » 50

XAVIER EYMA

Les Femmes du nouveau monde. » 90

PAUL FÉVAL

Les Amours de Paris. 1 80
Le Bossu ou le petit Parisien. 2 50
Le Fils du Diable. 3 »
Le Tueur de Tigres. » 70

THÉOPHILE GAUTIER

Constantinople. » 90

LEON GOZLAN

Nuits du Père-Lachaise. » 90

CHARLES HUGO

La Bohême dorée. 1 50

CH. JOBEY

L'Amour d'un Nègre » 90

ALPHONSE KARR

Fort en thème. » 70
La Pénélope Normande » 90
Sous les tilleuls. » 90

A. DE LAMARTINE

Les Confidences » 90
L'Enfance. » 50
Geneviève. » 70
Graziella. » 60
La Jeunesse. » 60
La Vie de Famille. » 50

LE DOCTEUR F. MAYNARD

L'Insurrection de l'Inde. » 70

MÉRY

Un Acte de désespoir. » 50
Bonheur d'un Millionn. » 50
Château des trois Tours. » 70
Le Château d'Udolphe. » 50
Conspiration au Louvre » 70
Diam. aux mille facettes » 50
Histoire de ce qui n'est pas arrivé. » 90
Les Nuits anglaises. » 90
Les Nuits italiennes. » 90
Simple Histoire. » 70

HENRY MURGER

Les Amours d'Olivier. » 30
Le Bonhomme Jadis. » 30
Madame Olympe. » 50
Maîtresse aux mains roug. » [illegible]
Scènes de la Bohême. » 90

JULES SANDEAU

Sacs et Parchemins. 90

EUGÈNE SCRIBE

Carlo Broschi. » 50
Proverbes. » 70

FRÉDÉRIC SOULIÉ

Au Jour le jour. » 70
Avent. de Saturnin Fichet 1 30
Le Bananier. » 50
La Comtesse de Monrion » 70
Confession générale. 1 80
Les Deux Cadavres. » 70
Les Drames inconnus. 2 50
La Maison no 3 de la rue de Provence » 70
Aventures d'un Cadet. » 70
Amours de Vict. Bonsenne » 70
Olivier Duhamel. » 70
Eulalie Pontois. » 30
Les Forgerons. » 50
Huit Jours au château. » 70
La Lionne. » 70
Le Maître d'École. » 30
Marguerite. » 50
Les Mémoires du Diable 2 »
Les Quatre Napolitaines 1 30
Les Quatre Sœurs. » 50
Si Jeunesse savait, si Vieillesse pouvait. 1 50

ÉMILE SOUVESTRE

Deux Misères. » 90
L'Homme et l'Argent. » 70
Jean Plébeau. » 60
Pierre Landais. » 50
Les Réprouvés et les Élus 1 50
Souven. d'un Bas-Breton 1 50

EUGÈNE SUE

Les Sept Péchés capitaux 5 »
L'Orgueil. 1 50
L'Envie. » 90
La Colère. » 70
La Luxure. » 70
La Paresse. » 50
L'Avarice. » 50
La Gourmandise. » 50
La Bonne Aventure. 1 50
Gilbert et Gilberte. 2 70
Le Diable médecin. 2 70
La Femme séparée de corps et de biens. » 90
La Grande Dame. » 50
La Lorette. » 30
La Femme de lettres. » 90
La Belle-Fille » 50
Les Mémoires d'un Mari. 2 70
Mariage de convenance 1 50
Un Mariage d'argent. » 90
Mariage d'inclination. » 50
Les Fils de famille. 2 70

THÉATRE CONTEMPORAIN ILLUSTRÉ

A 20 CENTIMES CHAQUE PIÈCE. — 1 FRANC LA SÉRIE BROCHÉE DE CINQ PIÈCES.

1re SÉRIE.
Le Chiffonnier de Paris. 20
La Closerie des Genêts. / Une T. dans un v. d'eau. } 40
Le Morne au Diable. / Pas de fumée sans feu. } 40

2e SÉRIE.
Trois Rois, trois Dames. 20
La Marâtre. / La Ferme de Primerose. } 40
Le Chev. de Maison-R. / L'Habit vert } 40

3e SÉRIE.
Benvenuto Cellini / Frisette. } 40
Clarisse Harlowe 20
La Reine Margot. / Jean le Postillon. } 40

4e SÉRIE.
La Foi, l'Espér. et la Char. / Le Bal du Prisonnier } 40
Hamlet / Le Lait d'ânesse. } 40
Hortense de Blengie 20

5e SÉRIE.
Le Fils du diable / Une Dent sous Louis XV. } 40
Le Livre noir. / Midi à quatorze heures. } 40
La Petite Fadette 20

6e SÉRIE.
La Vie de Bohême / Graziella } 40
La Chambre rouge / Un Jeune Homme pressé. } 40
Le Docteur noir. 20

7e SÉRIE.
Martin et Bamboche / Les Deux Sans-culottes. } 40
Les Myst. du Carnaval. / Croque-Poule. } 40
Une Fièvre brûlante 20

8e SÉRIE.
Bataille de Dames 20
Le Pardon de Bretagne. / Le Pâture de Jules Denis. } 40
Paris qui dort / Paris qui s'éveille } 40

9e SÉRIE.
Intrigue et Amour / Le March. de Jouets d'Enf. } 40
Gentil Bernard / Jobin et Nanette. } 40
Le Collier de Perles. 20

10e SÉRIE.
Le Bourgeois de Paris. 20
Contes de la Reine de Nav. / Qui se dispute s'adore } 40
Marie Simon / La famille Poisson } 40

11e SÉRIE.
Les Nuits de la Seine. / Un Garçon chez Véry } 40
Un Chap. de Paille d'It. 20
L'Oncle Tom / Chasse au Lion } 40

12e SÉRIE.
Bertha la Flamande. / Le Mari qui n'a r. à faire. } 40
Le Testam. d'un garçon 20
La Chatte blanche / L'Amour pris aux chev. } 40

13e SÉRIE.
Le Courrier de Lyon / Par les Fenêtres } 40
Le Roi de Rome. 20
Un M. qui suit les femmes. / La Terre promise } 40

14e SÉRIE.
Les 7 Péchés capitaux. / La Tête de Martin } 40
Le Sage et le Fou 20
Le Muet. / Un Merlan en b. fortune. } 40

15e SÉRIE.
Les Quatre Fils Aymon. / Scapin } 40
Un Prem. Coup de canif 20
Roquelaure / Une Nuit orageuse. } 40

16e SÉRIE.
La Mendiante. / La Tonelli } 40
Les Avocats 20
Marianne / Une Charge de cavalerie. } 40

17e SÉRIE.
Les Coulisses de la vie. / Un Ami acharné. } 40
La Bergère des Alpes / Les Paniers de la Comt. } 40
Marie ou l'Inondation 20

18e SÉRIE.
Les 7 Merv. du Monde. / Un Coup de Vent } 40
Notre-Dame de Paris / Les Lundis de Madame. } 40
Le Chât. des Sept-Tours. 20

19e SÉRIE.
Les Mystères de l'Été / Voyage autour d'une j. F. } 40
Le Cœur et la Dot / Un Ut de Poitrine } 40
Léonard le perruquier. 20

20e SÉRIE.
Les 7 Merveilles du no 7. / L'Ami François } 40
Les Enfers de Paris. / Atala. } 40
La Nuit du vendr. saint. 20

21e SÉRIE.
Les Cosaques / Un M. qu'on n'att. pas. } 40
Bertram le Matelot / L'Amour au daguerréot. } 40
Irène, ou le Magnétisme. 20

22e SÉRIE.
Les Mystères de Londres. / Un Vilain Monsieur } 40
Le Lys dans la Vallée. / Un Homme entre 2 airs. } 40
La Forêt de Sénart 20

23e SÉRIE.
Catilina / Théodore } 40
Le Voile de Dentelle. / Les Fureurs de l'Amour } 40
Les Folies dramatiques 20

24e SÉRIE.
La Comtesse de Sennecey. / Edgard et sa Bonne } 40
Manon Lescaut / Les Mém. de Richelieu } 40
L'Ane mort 20

F. AUREAU. — IMPRIMERIE DE LAGNY